Praga

ANAYA
TOURING

Autor: **Gabriel Calvo** y **Sabine Tzschasche**
Actualización: **Alicia Aparicio**

Responsable editorial: **David Lozano**
Edición: **Anaya Touring**
Técnico editorial: **Lola García**
Cartografía: **Anaya Touring**
Producción: **Juan José Rodríguez, Antonio Mellado**
  y **Olga Hernando**
Diseño tipográfico y de cubierta: **marivies**

Todas las fotografías pertenecen a **iStockphoto** excepto: **123 RF**: 11, 15, 26 (2), 42, 44, 47, 53, 81, 97, 101, 102-103, 116. **Corbis**: 14, 17, 96. **Depositphoto**: 9, 18, 40, 49, 52, 66, 74 (2), 75, 77, 84, 93, 99 dcha., 104. **Dreamstime**: cubierta inf., 6-7. **Fotolia**: 33, 60, 61, 76 inf., 109, 116. **Shutterstock**: 8, 10, 12, 13 sup., 16, 21, 27, 30, 37, 45, 51, 54, 73, 76 sup., 83 (2), 91 (2), 99 izqda., 117, 118, 120 dcha.

15ª edición: 2025

© Grupo Anaya, S. A., 2025
  Valentín Beato, 21. 28037 Madrid
  www.guiasdeviajeanaya.es

Depósito legal: M-01.242-2025
ISBN: 978-84-9158-929-7
Impreso en España-Printed in Spain

PAPEL DE FIBRA
CERTIFICADO

La información contenida en esta guía ha sido cuidadosamente comprobada antes de su publicación. No obstante, dada la naturaleza variable de los datos, recomendamos su verificación antes de salir.

Contenido

Cómo usar esta guía

Esta **Guiarama** de **Praga** se divide en cinco secciones que abarcan los aspectos más importantes de su visita.

Una mirada a Praga, páginas 6-17

Presentación
Algunos datos de interés
No hay que perderse…
Un poco de historia
Naturaleza de Praga
Famosos de Praga

Diez lugares inolvidables, páginas 18-33

La elección de los autores de los diez lugares más atractivos, todos con información práctica.

Visita a Praga, páginas 34-103

Sección dividida en dos partes: Praga y alrededores de Praga, cada una con una introducción y listado de los lugares más interesantes.
Información práctica
Breves notas "¿Sabías que…?"
Lo que hay que saber
Paseos a pie o en coche
Gastronomía

Explorando
Praga

Dónde…, páginas 104-121

Información detallada sobre restaurantes, alojamiento, compras, niños y ocio.
Información práctica, con generalidades para viajar por el país, páginas 126
Toda la información necesaria para el viajero, presentada de forma resumida.

Mapas y planos

Todas las referencias lo son a los planos que se encuentran al final de la guía. Por ejemplo, el Puente de Carlos va seguido de la referencia ⊕ II C3 que indica las coordenadas (C3) donde se halla ubicado el edificio dentro del plano II de la ciudad.

Iglesia de San Nicolás

1

Precios

El precio aproximado de los establecimientos se indicará mediante los signos:

C caro, **M** moderado y **E** económico.

Clasificación por estrellas

La mayoría de los lugares descritos en el libro se han clasificado por su grado de interés como sigue:

★★★ Visita obligada
★★ Muy interesante
★ Interesante

Símbolos utilizados

A lo largo de la guía se han utilizado símbolos sencillos y claros para indicar las siguientes categorías:

⊙	referencia a los planos del final de la guía
✉	dirección o localización
☎	número de teléfono
⊙	horario
🍴	restaurante o café
Ⓜ	estación de metro más cercana
🚊	rutas de autobús o tranvía
🚉	estación de tren más cercana
⛴	ferry más cercano
✈	aeropuerto
ℹ	información turística
♿	servicios para discapacitados
🎟	precio de la entrada
✛	otros lugares de interés cercanos
❗	más información práctica
🌐	web

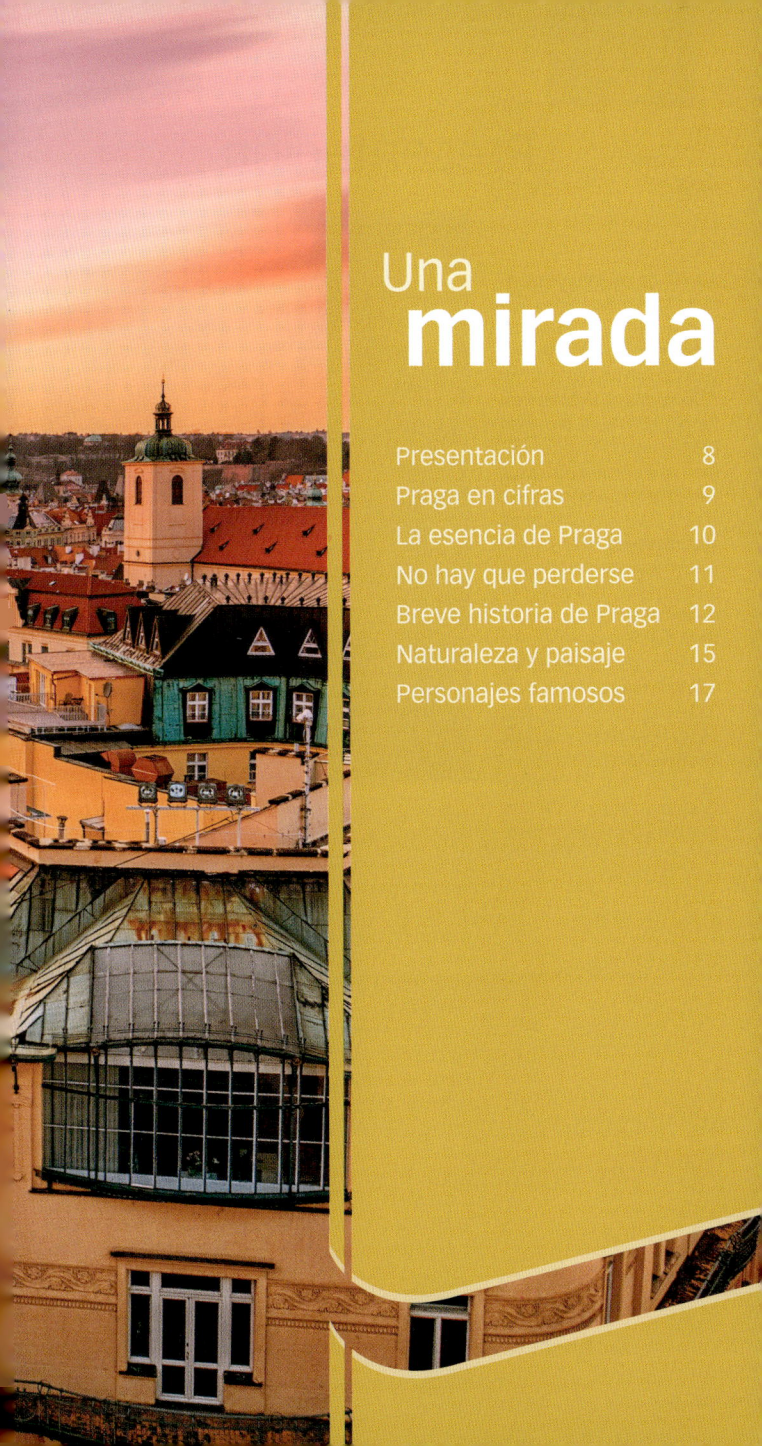

Una
mirada

Presentación

❚ Los números de las casas

Aparte de los antiguos símbolos de las fachadas que dan nombre a las casas y servían de orientación cuando aún las calles no tenían nombres oficiales, en las puertas de las casas de Praga suele haber dos números, uno rojo y otro azul. El rojo es el número con el que la casa fue inscrita en el catastro de 1923 y suele ir acompañado del nombre del barrio. El azul es el número "válido", es decir, el de la dirección postal.

En muchos dinteles hay una cifra escrita con tiza: "20-M+K+B-18". Es una costumbre centroeuropea escribir cada año las iniciales de los Reyes Magos (Melchior, Kaspar, Balthazar) para proteger la casa.

▲ Calle empedrada y estrecha en la zona de Novy Svet.

Que Praga es una de las ciudades más bonitas del mundo se sabe al instante de estar aquí: el Puente de Carlos o el Cementerio Judío Viejo son de esos lugares que se recuerdan toda la vida. Si, además, se visitan en la "hora bruja", con la neblina de la mañana o con los últimos rayos de sol de la tarde, el viaje habrá merecido más que la pena y podrá dedicarse a disfrutar de la cerveza, los cafés y los conciertos.

Casi treinta años después de la Revolución de Terciopelo (1989), Praga se ha convertido en una moderna capital, la más occidental del antiguo bloque comunista, con restaurantes, comercios y gente joven, que desmienten el deslustre de ese pasado reciente. El centro turístico es un gran escaparate y un gran museo que puede visitarse por su cuenta o siguiendo cualquiera de las rutas propuestas por la oficina de turismo: el Camino Real, el Silver Way o el itinerario biográfico de Franz Kafka.

Cualquier pretexto es bueno para disfrutar de la armonía urbana de esta ciudad que siempre ofrece rincones por descubrir, detalles en los que no se había reparado y que invitan a entrar en su apasionante y novelesca historia.

Praga en cifras

Geografía

En el corazón de Europa, Praga está a 307 km de Viena, 348 km de Berlín y 2.340 km de Madrid. Cruza la ciudad de sur a norte el río Moldava (Vltaba), afluente del Elba (Labe), que, aunque dista del Mar del norte 600 km, está a 177 m de altitud sobre el nivel del mar.

Clima

Continental, con una temperatura media anual de 10,5 °C. Los inviernos son rigurosos y secos, con temperaturas medias de 0,7 °C; las primaveras frescas y lluviosas (15 °C); los veranos suaves (20 °C en julio), y los otoños templados y con precipitaciones.

Población

Con una superficie de 496 km², Praga cuenta con 1.346.000 habitantes, más del 10% de la población checa. En el centro solo viven unos 30.000 praguenses y la mayoría de los edificios se han convertido en hoteles y residencias de turistas.

Religión

A pesar de la importancia que tiene la religión en Praga y del número de iglesias y esculturas religiosas que la pueblan, las estadísticas arrojan que un 32,4% de los praguenses profesan el catolicismo.

Turismo

Considerada una de las capitales más bellas de Europa, Praga tiene un ingente turismo, siendo una de las capitales europeas más visitadas. En 2017 Chequia recibió unos 10,2 millones de turistas, de los que el 90% pasó por Praga.

▼ Atardecer en la capital checa.

Más datos

✓ Espacios verdes: 10.155 ha.
✓ El río tiene 31 km en los que hay 10 islas y 18 puentes.
✓ 130 líneas de autobuses diurnos y 13 nocturnos.
✓ 2.100 ha de áreas protegidas, divididas en 89 zonas.
✓ El centro de Praga (750 ha) es la mayor superficie monumental inscrita en el Patrimonio Universal de la UNESCO.

La **esencia** de **Praga**

Pocas ciudades tienen tantos relojes como Praga, y pocas reúnen las condiciones para una visita sin cronómetros. Sumérjase en la misteriosa atmósfera de sus callejas, atisbe el anecdotario de las fachadas, el simbolismo de las esculturas, el arcano de los palacios. El oropel del mercado turístico no debe impedir alzar la vista a las extrañas figuras de animales, atlantes y santos que vigilan y protegen en silencio la procesión de visitantes. Los monumentos y museos pueden ser un vehículo para disfrutar de la silueta de la ciudad recortándose en la niebla, a la luz de las farolas rasgando el velo de la noche las agujas de sus torres negras. Para ensimismarse en una introspección gótica o sumergirse en la historia a vena abierta de cada rincón. Aventúrese en el misterio de Praga, quizás descubra también algo de sí mismo.

No hay que perderse

Si quiere una visión completa de Praga y no cuenta con mucho tiempo he aquí las cosas que debe experimentar.

▎**Tomar los tranvías de las líneas 22 y 23** (la primera es conocida como la *Pick-Pocket-Express*: ojo, con los carteristas). Pasan por los puntos más turísticos de la ciudad.

▎**Probar la cerveza checa.** El *Pivovarský Club* (Křižíkova, 272/17) ofrece más de 250 marcas de cerveza.

▎**Praga es la ciudad de la música.** Recomendable disfrutar de un concierto de música bohemia o clásica.

▎**Teatro y ópera.** Ver una función de teatro negro; los niños se quedarán boquiabiertos.

▎**No hay un reloj más fotografiado que el del Ayuntamiento** de la Plaza Vieja de Praga. Siempre hay una multitud viendo cómo marca la hora.

▎**Pasear por el Puente de Carlos.** El lento ritmo de la procesión de turistas le puede remitir al cortejo real que en otros tiempos iba desde la Torre de la Pólvora hasta el Castillo.

▎**Subir a lo alto de la colina de Petřín** y contemplar la panorámica de Praga desde su cima.

▎**Visitar un museo,** especialmente si se está interesado en la escultura religiosa medieval, en el arte moderno checo o en las obras barrocas.

▎**Tomarse un café** o una copita de absenta en un café clásico, como el Slav*ia*.

▎**Admirar el cubismo.** Repare en los edificios del estilo arquitectónico más peculiar de Praga.

▎Prague Card

Si va a entrar en más de un museo y utilizar el transporte público, es conveniente adquirir la **Prague Card**. Podrá entrar a más de 50 museos y monumentos de forma gratuita, además incluye transporte público, desplazamiento desde el aeropuerto y una visita guiada en bus por la ciudad. Se puede adquirir para dos, tres o cuatro días. Se puede comprar online y recogerla en las oficinas de turismo del aeropuerto o en el centro de la ciudad o directamente adquirirla en estas.

▼ La ciudad a orillas del río Moldava.

Breve historia de Praga

871	Comienzos míticos de la estirpe de los Přemyslitas. Se empieza a construir el castillo de Praga.
924-935	El príncipe Václav (San Wenceslao), en el poder, acabará siendo asesinado por su hermano.
1158	Se construye un puente de piedra, llamado Puente de Judith.
Siglo XIII	Con el puente, comerciantes alemanes se instalan en el Lado Chico (Malá Strana). Se empieza a construir la Ciudad Vieja (Staré Město). Praga tiene unos 35.000 habitantes.
1306	Final de la estirpe Přemyslita.
1347	Coronación de Carlos IV. Un año después funda la primera universidad centroeuropea y empieza a construir la Ciudad Nueva (Nové Město). Parler construye el Puente de Piedra.
1355	Carlos IV de Alemania y Luxemburgo, I de Bohemia (1316-1378), es coronado emperador del Sacro Imperio Romano e instala su corte en Praga.
1393	Asesinato del abogado Juan de Nepomuk (desde 1721, San Juan Nepomuceno).
1402	Sermones de Jan Hus en la capilla de Belén.
1415	El reformador nacionalista Jan Hus es quemado en el concilio de Constanza (Alemania), donde había acudido a defender sus ideas.
1419	Primera Defenestración de Praga. Azuzados por un sermón en Santa María de las Nieves, rebeldes husitas tiran por la ventana del ayuntamiento (Ciudad Nueva) a varios concejales. Comienza la Guerra de los Husitas.
1420	Jan Žižka en el monte Veit (Vitkov) vence al ejército de los cruzados.
1436	Fin de la Guerra de los Husitas.
1526	Con Fernando I empieza el dominio de los Habsburgo sobre Praga.
1583	Rodolfo II traslada su corte de Viena a Praga, que cuenta con 60.000 habitantes.
1618	Segunda Defenestración de Praga. Nobles checos, conjurados en Malá Strana, arrojan a tres consejeros del Habsburgo Fernando II, por una ventana del castillo. Comienza la Guerra de los 30 Años.

1620 En la Batalla del Monte Blanco (Bílá Hora), los Habsburgo vencen a los protestantes. Sigue la Contrarreforma y la recatolización de Praga. La nobleza católica construye sus palacios en posesiones requisadas a los protestantes.

1648 Los suecos toman el castillo de Praga. Fin de la Guerra de los 30 Años.

1650 Surge la "Praga Dorada".

1713 Gran peste.

1740 Bajo María Teresa empieza la Guerra de Sucesión de los Habsburgo.

1745 En el marco de esta guerra, el ejército prusiano arrasa Praga.

1765-1790 El ilustrado Josef II reforma las leyes del Imperio. El gueto judío es llamado Josefov por su "Ley de Tolerancia".

1833 Se construye el Teatro Nacional. Con la revolución industrial surge el barrio Karlin. Praga tiene por primera vez más habitantes checos que alemanes.

1848 Levantamiento de los nacionalistas checos contra el imperio austrohúngaro de los Habsburgo.

1914 Empieza la Primera Guerra Mundial y nace la figura literaria del *Buen Soldado Sweij,* prototipo de los checos que luchan en una guerra que no les concierne.

1918 Fin de la Primera Guerra Mundial y del imperio austrohúngaro. Proclamación de la Primera República Checa; Primer Presidente, Tomás Masaryk.

1939-45 Hitler convierte Bohemia y Moravia en protectorado. Persecución de los judíos. Segunda Guerra Mundial.

1948 Los comunistas toman el poder.

1968 Levantamientos por la invasión del ejército soviético. Primavera de Praga.

1977 El dramaturgo disidente Václav Havel funda el grupo "Charta 77", contra la violación de los derechos humanos.

1989 Revolución de Terciopelo. Tras semanas de manifestaciones, el gobierno comunista dimite el 10 de diciembre. Václav Havel es elegido presidente el 29 del mismo mes.

▲ Vidrieras novecentistas en la catedral de San Vito.

▼ Estatua del caballero Bruncvik en el Puente Carlos.

▲ Funeral de Jan Palach.

▌ Últimos acontecimientos

2014 Adriana Krnáčová es elegida alcaldesa de Praga, convirtiéndose en la primera mujer en desempeñar este cargo.

2018 Se celebra con distintos actos el 25º aniversario de la escisión de Checoslovaquia y el centenario de la formación de la Primera República Checa.

2019 En octubre se celebró el 30 aniversario de la Revolución de Terciopelo, que puso fin al régimen comunista en Checoslovaquia.

2022 El gobierno de coalición liderado por el partido SPOLU (una alianza de varios partidos de oposición) tomó posesión. Petr Fiala fue nombrado Primer Ministro, marcando un cambio significativo en la política checa.

1993 Escisión de Checoslovaquia en Chequia (capital, Praga) y Eslovaquia (capital, Bratislava).

1999 Los checos se integran en la OTAN.

2002 Terribles inundaciones en agosto. 250.000 checos (50.000 praguenses) tienen que ser evacuados.

2004 La República Checa se convierte en miembro de la Unión Europea.

2005 Empiezan a repararse los daños de la riada del 2002 en el Puente de Carlos.

2006 Polémica reelección del presidente conservador (del Partido Cívico Democrático) Václav Havel, por cinco años.

2008 Declaraciones antieuropeístas del presidente, que se niega a izar la bandera europea en el Castillo de Praga, y a tomar medidas contra el "cambio climático".

2009 En plena crisis económica, le toca a Chequia presidir durante seis meses el Consejo de Europa. El 5 abril el presidente de los Estados Unidos, Barack Obama, pronuncia un discurso en relación al desarme nuclear en Praga.

2010 Se producen protestas contra la política económica del gobierno.

2011 Fallece Václav Havel, último presidente de Checoslovaquia y primero de la República Checa.

Naturaleza y paisaje

Praga tiene el grave problema de la contaminación del aire, debido a las emisiones del transporte rodado, la industria pesada y las calefacciones en invierno que se encajonan en el valle del Moldava, un río fuertemente industrializado.

En los alrededores de la capital hay 2.100 ha de áreas naturales protegidas y el ayuntamiento, para mejorar el medio ambiente, se esfuerza en aumentar los parques dentro del casco urbano y conservarlos en buenas condiciones. Son muy numerosos y más bonitos de lo que se piensa.

▌ Petřínská Sady (Jardines de Petřín)

El parque de la colina de Petřín se alza a 130 m sobre el río, detrás de Malá Strana. Si en vez de tomar el funicular se sube andando, se pasa por la muralla del Hambre, construida por Carlos IV, y por la estatua del poeta romántico Karel Mácha (1810-1836), que el 1 de mayo convoca a las parejas de enamorados.

En la colina hay una rosaleda y varias atracciones, como la **Torre Panorámica** (Rozledna), construida a imitación de la torre Eiffel, pero cinco veces más pequeña. Un **laberinto de los Espejos** de características infantiles y un **observatorio**. La **iglesia de San Lorenzo** es un templo con cimientos románicos. Detrás asoman los edificios de las Espartaquiadas, actualmente usados como residencias estudiantiles, y el **Strahov-Stadion,** con aforo para 220.000 espectadores. Desde el parque se puede llegar directamente, dando un paseo de media hora, al **Castillo** y al **monasterio de Strahov.**

Petřínská Sady. Jardines de la colina de Petřín

- Cerca de la parada Újezd de los tranvías 7, 12, 20, 22, 23, 97
- Funicular *(Lanové dráhy)* cada 15'. De 9 a 23.20 h de nov a mar y de 9 a 23.30 de abr a oct (cada 10'). Válido tícket de transporte urbano
- Nebozízek (C). Petřínké sady, 411. www.nebozizek. cz/en; de 11 h a 23 h. Parada intermedia del funicular. Especialidades bohemias e internacionales. Invernadero, terraza, ambiente elegante
- **Torre Panorámica** (Petřínská rozhledna). A diario. De nov a feb de 10 a 18 h. Mar de 10 a 20 h. De abr a sep de 10 a 22 h. Oct de 10 a 20 h
- **Laberinto de los Espejos** (Bludiště); A diario. De nov a feb de 10 a 18 h. Mar de 10 a 20 h. De abr a sep de 10 a 22 h y oct de 10 a 20 h
- **Observatorio Štefánik.** Štefánikova Hvězdárna: Horarios: consultar web.
- www.observatory.cz.

▼ Monasterio de Strahov.

▌ Letenské Sady (Parque del Verano, Holešovice)

Desde el Parque del Verano, construido en 1859 frente al barrio judío, las vistas a la ciudad son inmejorables. Frecuentado por *skaters*, *rollers* y ciclistas, algunos sectores están descuidados, como el del **Metróno-mo** (David Černý, 1995), una escultura-homenaje a la Revolución de Terciopelo, construida en el lugar donde estaba la mayor estatua de Stalin del mundo.

Detrás del parque están el **estadio Spartak-Praha** y los adustos bloques de arquitectura nazi (Gustav Hohůska, 1938-1941) que albergan dos museos oficiales. El parque tiene buenas terrazas y restaurantes.

▌ Stromovka (Arboleda)

La Arboleda se extiende desde detrás del recinto de ferias de Vistaviste hasta el **Palacio de Troya** y el **zoológico,** atravesando el río por puentes peatonales. Un buen paseo de media hora por el parque más típico de Praga. En 1266 el rey Přemysl Ottakar II, lo hizo cercar como coto real de caza.

▌ Nové Židovské Hřbitovy (Cementerio Judío Nuevo)

Bien dividido en avenidas, plazas y calles, el Cementerio Judío Nuevo es como un parque. Las lápidas son, en su mayor parte, del siglo XIX, entre ellas, la de Kafka, cuya ubicación exacta se indica en el plano de la entrada.

▶ Torre Panorámica (Rozledna), en Petřin.

Personajes famosos

Carlos I de Bohemia y IV de Alemania (1316-1378)

Hijo de Juan de Luxemburgo y de la princesa Elisa, fue llevado a París para que el futuro papa Clemente VI lo educara. Allí se cambió el nombre de Wenceslao por el de Carlos, en honor a Carlomagno. Cuando subió al trono del Imperio Germánico (1355), decidió convertir Praga en la Roma del Norte. Para ello se trajo al arquitecto Matías de Arrás, de Avignon, y a Peter Parler, del sur de Alemania.

Fundó la Universidad Carolina, construyó la Catedral, el Palacio Viejo y el Puente de Piedra. Planificó la Ciudad Nueva y el Vysehrad y edificó más de 30 castillos en Bohemia y Moravia, entre ellos el de Karlstejn. Escribió en latín su propia autobiografía *(Vita Caroli)*, una *Vida de San Wenceslao* y el *Espejo de Nobles.*

Rodolfo II (1576-1612)

Biznieto de Juana la Loca, el depresivo Rodolfo II es el artífice del halo mágico de Praga. Se educó en Madrid y alguna ejecución de herejes que presenció en Toledo le sacó de quicio. Misántropo, trasladó la corte de Viena a Praga para huir de la metrópoli.

Arrastró consigo a toda la nobleza, que construyó sus palacios en Malá Strana, y a un sinfín de astrólogos, magos y embaucadores que buscaban la piedra filosofal. Le gustaban la caza, los caballos y las fieras, por lo que se hizo cuadras en el castillo, un coto y un zoológico. Reunió una colección de curiosidades entre las que había calaveras, relojes, piedras preciosas y obras de arte. Su hermano Matías le arrebató el trono de Bohemia en 1611. El sefardí Leo Perutz recreó su figura en la novela *Bajo el Puente de Piedra.*

Franz Kafka (1883-1924)

Nació en una familia de comerciantes judíos. Los choques que tuvo con su padre se reflejan en *El proceso* (1916) y en *Carta al padre* (1919). Muy amigo de otros escritores alemanes de Praga como Max Brod (editó su obra) y Franz Werfel. Enfermó en 1917 de tuberculosis y murió en un sanatorio cerca de Viena.

Su prosa abrupta, describe la lucha desesperada, las inseguridades y los terrores del individuo enfrentado a poderes desconocidos. Está ambientada en el nebuloso escenario de Praga, sumida en un violento nacionalismo que afectaba doblemente a Kafka, judío y alemán praguense.

Los bohemios

El término bohemio designa un modo de vida inconformista, al margen de las convenciones sociales, pero tiene poco que ver con la Bohemia checa. Ya desde el siglo XV se llamaba en Francia bohemios a los gitanos porque llegaron allí desde este país. En el siglo XIX muchos pintores y escritores de Pigalle se autodenominaron así para acentuar su papel al margen de la sociedad. En literatura lo utilizó por primera vez Henri Murger en *Escenas de la vida Bohemia,* base literaria sobre la que Puccini creó su ópera *La Bohème.*

▼ Franz Kafka.

Lugares **10**
inolvidables

Iglesia de San Nicolás

1

La iglesia de San Nicolás de Malá Strana (Kostel sv. Mikuláše) está considerada el templo barroco más bonito de Praga.

Ya desde el siglo XIV existía aquí una iglesia dedicada a San Nicolás, patrón de los comerciantes, rodeada de algunas casas. Después de la Guerra de los 30 Años, los jesuitas hicieron una provechosa operación financiera, compraron las casas para construir un gran convento adosado a la iglesia y engrandecer esta.

La iglesia la empezó en 1704 Christoph Dientzenhofer, y la continuaron a su muerte, su hijo Kilian Ignaz y su yerno, el italiano Anselmo Lurago, quien remató la torre en 1755.

En el grandioso interior, el altar mayor y los laterales son de K.I. Dientzenhofer. Ante las capillas laterales hay estatuas de santos de las que destacan una **estatua de Ciro,** rey de los persas y un sinuoso Nepomuceno. Los cuadros de los altares son casi todos de Karel Škreta, el mayor pintor bohemio de temas religiosos. Un gran fresco de Johann Kracker ocupa los 1500 m^2 del techo con escenas de la vida de San Nicolás. Sobre el **órgano barroco** de 1746, en el que tocó Mozart, aparecen las escenas de la vida de Santa Cecilia, patrona de la música. El **fresco de la cúpula,** a 75 m de altura, es de Franz Xaver Palkos y representa la Gloria.

Tras la expulsión de los jesuitas en 1773, la iglesia volvió a convertirse en una parroquia. La torre está cerrada.

Info

- ⊙ II B-C2
- ⊙ Malonstranské náměstí 25. Praga 1
- 🖝 www.stnicholas.cz
- ⊙ Mar-oct: 9-17 h. Nov-ene: 9-16 h. Feb: L-J: 9-16 h y V-D: 9-17 h
  Torre: Nov-feb: 10-18 h: Mar y oct: 10-20 h. Abr-sep: 10-22 h
- ⊟ Malostranská. Tranvías: 7,12, 20, 22, 23, 97
- ⊜ Iglesia: económico (menores de 10 años: gratuito). Torre: económico.
- ⚒ Regular (iglesia) Malo (torre)
- ✛ Calle Nerudova, Museo de Fr. Kafka, jardines palaciegos

▼ La iglesia de San Nicolás al amanecer.

Torre de la Pólvora

La Torre de la Pólvora (Prašná brána) es uno de los lugares más emblemáticos de Praga. Es una de las puertas de la ciudad antigua y se encuentra en el casco histórico.

2

Construida en el siglo xv por el polaco Wladislaw II, originalmente servía como un acceso a la ciudad. Se erigió sobre una de las 13 puertas de la muralla para dar a la ciudad una torre monumental que se correspondiera con la del Puente de Carlos, cuyas líneas arquitectónicas imitaron los arquitectos Benedicto Rieth y Matthias Rejsek.

En aquel momento estaba al lado el caserón del palacio real, habitado durante solo 100 años, mientras se construía el llamado Palacio Viejo del castillo. La torre era el acceso del camino empedrado de las minas de plata de Kutna Hora.

Cuando se acabaron las obras del castillo, Wladislaw II se trasladó al Hradschin y la torre quedó inconclusa. Durante la Guerra de los 30 Años, sirvió de almacén de pólvora, de ahí su nombre.

La torre es un magnífico ejemplo de la arquitectura gótica, con detalles ornamentales que la hacen destacar. En 1886, Josef Mocker, el arquitecto que reconstruyó los monumentos emblemáticos de Praga, remató también la torre con la balaustrada superior y el tejado, la bóveda de los bajos y las esculturas y filigranas de la fachada. Sus torres puntiagudas y sus arcos le dan un aspecto imponente.

Mide alrededor de 65 metros de altura y al corredor superior se accede por 185 escalones. En tu visita a Praga no olvides subir, ya que, desde la cima, hay vistas impresionantes que valen la pena el esfuerzo.

Info

- III A1
- Na Příkopě, Praga, 1
- https://prague.eu/cs/objevujte/prasna-brana?back=1
- Nov-feb: 10-18 h. Mar y oct: 10-20 h. Abr-sep: 10-22 h.
- Náměstí Republiký (A)
- Económico
- No accesible

▼ Torre de la Póvora de Praga.

Karlův most
(Puente de Carlos)

3

El Puente de Carlos constituye toda una galería de esculturas barrocas al aire libre. Los santos del Puente de Piedra, que así se llamó hasta 1919, escoltan la procesión de turistas que lo cruza para ir de la Ciudad Vieja al Lado Chico.

Desde el siglo X hubo un puente de madera en este vado del río Moldava. En 1158 Wladislaw I hizo uno de piedra y le puso el nombre de su esposa, la princesa turingia, Judith. Una riada se lo llevó en 1342. Carlos IV encargó las obras del puente nuevo al arquitecto de la catedral, Peter Parler, que tenía solo 27 años. La genialidad del maestro se ve en el arco que hace el puente como sacando pecho a la corriente. Aunque la anchura del río es de 330 m, el puente tiene 520 m.

Pueden verse los cimientos del antiguo puente de Judith, en el Museo del Puente.

El puente es testigo y símbolo de la historia de Praga. En 1621 se expusieron las cabezas de los husitas ajusticiados tras la derrota del Monte Blanco, en 1648 defendió la Ciudad Vieja del asedio de los suecos. En 1890 otra riada se llevó tres arcos.

En los grabados del siglo XVI la única imagen del puente es un crucifijo, sustituido en 1634 por el actual, con la inscripción hebrea: "Santo, Santo, Santo"; se dice que fue pagado con la multa impuesta a un judío blasfemo. La idea de poner estatuas partió de los jesuitas, guardianes del puente desde el **Clementinum**. Y el inventario de santos responde a la estrategia política de la Contrarreforma.

La primera fue la **estatua de San Juan Nepomuceno,** un santo "inventado" para contrarrestar la figura del mártir nacionalista Jan Hus. La fecha de su muerte inscrita en el puente está falseada en diez años para hacerla coincidir con una reina que pudiera tener un secreto de confesión que, según una leyenda creada en el siglo XVII, el Nepomuceno murió por defender. Fue arrojado al río y en el agua aparecieron cinco estrellas con la palabra latina *tacui* (callé). La más valorada artísticamente es la **estatua de Santa Lutgarda** (M. Braun, 1710, cuarta desde Malá Strana a la derecha), a la que Cristo se le apareció para que le lamiera las llagas.

Hoy día el puente tiene mucha animación, en él se concentran músicos y artistas callejeros, vendedores ambulantes, paseantes y turistas que transitan por uno de los lugares más emblemáticos de la ciudad.

Info

- 🅿 II C3
- 🚇 Staroměstská (A).
  Tranvías 17, 18, parada
  Staroměstská

Malostranské mostecké věče. Torres del puente de la orilla Malá Strana
- 🕐 Abr-sep: 10-22 h.
  Mar y oct: 10-20 h.
  Nov-feb: 10-18 h
- 💰 Económico

Staroměstská mostecká věz. Torre del puente de la orilla Ciudad Vieja
- 🕐 Abr-sep: 10-22 h.
  Mar y oct: 10-20 h.
  Nov-feb: 10-18 h
- 💰 Económico

Muzeum Karlova mostu. Museo del Puente de Carlos
- ✉ Křízovnické námestí, 3
- 🕐 May-sep: 10-19 h
  Oct-abr: 10-18 h
- 🌐 muzeumkarlovamostu.cz/en
- 💰 Moderado (menores de seis años: gratuito)
- ♿ No accesible

▶ El Puente de Carlos, por el que pasa todo Praga.

Catedral de San Vito

4

El nombre completo es Catedral de San Vito, San Wenceslao y San Adalberto (Katedrála Svatého Víta), un edificio de 124 m de largo y 37,5 m de ancho, que reúne muestras de distintos estilos arquitectónicos a lo largo de cinco siglos.

En 1352, Carlos IV empezó a construir la catedral gótica, para lo cual se trajo de Francia a Matías de Arrás, que construyó las ocho capillas del tras-coro y el triforio. A su muerte, se hizo cargo durante cuarenta años de las obras el alemán Peter Parler, de 23 años, quien realizó la galería de esculturas del triforio y construyó la capilla de San Wenceslao. Los hijos de Parler continuaron con la torre del Pórtico Dorado hasta que las revueltas husitas de 1420 paralizaron las obras. Durante cuatro siglos la catedral se quedó a medio hacer. Entre 1873 y 1929 se culminaron las obras bajo la dirección de Josef Mocker. En esta última etapa trabajaron solo artistas checos.

Las vidrieras son en su mayoría obra de František Kysela y una de Alfons Mucha, los relieves de las puertas de bronce los realizó Otakar Spaniel (1929).

Info

- II B2
- Recinto del Castillo, segundo patio
- katedralasvatehovita.cz/en
- Nov-mar: L-S: 9-16. D: 12-16. Abr-oct: L-S: 9-17. D: 12-17 h
- 22, 23 parada Pražský Hrad
- Vestíbulo: gratis. La visita a la catedral forma parte de dos circuitos por el castillo: caro (menores de 6 años: gratuito). No es posible visitar solo la catedral
- Bueno

La fachada más antigua, el **Pórtico Dorado**, está cubierta con mosaicos vidriados que representan el juicio final.

En el interior llama la atención la **capilla de San Wenceslao**, de planta cuadrada y con piedras preciosas incrustadas en el zócalo, como dice el Apocalipsis que se construyó Jerusalén. Se cree que San Wenceslao murió en este lugar a manos de su hermano, Boleslav I. Aquí se encuentra el sepulcro del santo (Kamil Hilbert, 1912), copia del destruido en las revueltas husitas de 1420. Se dice también que el santo, herido de muerte, se asió a los tiradores de la puerta, que tienen forma de león. El mural, obra de Daniel de Května, 1642, representa la escena. La estatua del santo es obra de Heinrich Parler (1373). Uno de los objetos más valiosos es el candelabro de San Wenceslao (Peter Visher, 1532).

▲ Vidriera de la catedral.

Una puerta de la capilla da a la **cámara de la Coronación**, donde se guardan desde 1867 y bajo siete candados las insignias reales de Bohemia: una corona y una espada del siglo XV, una manzana real del siglo XVI y la corona de San Wenceslao.

▼ Vista nocturna del Puente Carlos y al fondo, la Catedral de San Vito.

Calle Nerudova

5

Las fachadas de las tiendas y restaurantes de la calle Nerudova, que sube desde la plaza de Malá Strana al Castillo, forman uno de los conjuntos más atractivos de Praga.

La medieval "cuesta de los Espoleros" (herreros fabricantes de espuelas) fue bautizada en 1900 con el nombre del escritor checo Jan Neruda (1834-1891), que había nacido al final de la calle, en la casa de los dos Soles, donde su padre, un soldado retirado, tenía un estanco. Su obra principal es *Historias de Malá Strana*.

Info

Galerie Montanelli
- II B2
- Nerudova, 13
- M-V: 14-18 h. S-D: 13-18 h
- museummontanelli.com/en
- Económico (niños: gratuito)
- No accesible

Terraza del hotel Neruda, Nerudova 44
- Entre la plaza de Malá Strana y el Castillo
- Malostranská. Tranvías: 12, 22, 20, 23. Parada Malostranská náměstí

▶ Crepería en Nerudova y bajo estas líneas, terraza de una cafetería.

Las casas de Nerudova tienen poéticos nombres e interesantes historias. La **Casa del Águila Roja** (núm. 6) con su símbolo sujeto por dos ángeles. La **Casa de los Tres Violines** (núm. 12), residencia de una familia de *luthiers,* en la **Casa del Cáliz Dorado** (núm. 16) vivía el orfebre Bartolomé Schumann. La **Casa de San Juan Nepomuceno** (núm. 18) y la **Casa del Asno en el Pesebre** (núm. 25), son escenarios de *Una semana en una casa tranquila* Jan Neruda.

En el número 13 se encuentra el **Museo Montanelli (MuMo)** centrado en el arte visual contemporáneo. Llaman especialmente la atención la fachada del **Palacio Morzin** (núm. 5), embajada de Rumanía, esculpida por Ferdinand Brokoff así como las águilas del **Palacio Thun Hohenstein**, embajada de Italia, esculpidas por Matthias Braun. El palacio fue construido en 1720 por Giovanni Santini para la familia Kolowrat. Junto al palacio está la **iglesia de los Teatinos,** convertida en viviendas y teatro. En el **Palacio Bretfeld** (núm. 33) se alojaron Mozart y Casanova en 1787.

Antiguo Ayuntamiento

6

En el Antiguo Ayuntamiento, a las horas en punto, de 9 h a 23 h, se repite el mecánico ritual: el esqueleto tira de una cuerda y levanta un reloj de arena. A la derecha, un turco mueve la cabeza en señal de que aún no han cesado las intenciones otomanas de conquistar centroeuropa. A la izquierda, una alegoría de la Presunción levanta un espejo y se mira en él y otra de la Avaricia agita su bolsa de dinero. Encima de ellas se abre la ventana y van saludando los doce Apóstoles precedidos por San Pedro y escoltados por San Pablo. Tras el canto del gallo metálico que hay sobre la ventana, suena la hora.

El **Reloj Astrológico** fue construido por Nicolás de Kadam (1410), profesor de la Universidad, que, según una leyenda, fue cegado por los concejales para que no construyera otro igual. El relojero, ya ciego, se vengó de sus verdugos y destruyó el mecanismo. No se puede certificar el relato, pero lo cierto es que el reloj tiene un sistema tan complicado que no ha podido ser reconstruido del todo.

La esfera central muestra el curso de la luna y el sol en la constelación zodiacal. Además de la hora en cifras romanas, también señala la hora de Bohemia, que tradicionalmente solo se medía de la mañana a la noche y que ocupa la esfera exterior.

El círculo del calendario inferior, obra de Josef Manés (1865), tiene un diámetro de 2,5 m. En los círculos que rodean el escudo de Praga se representan escenas campestres y los signos del zodiaco.

Info

- II C4
- Staroměstská naměsti
- L: 11-22 h. M-D: 9-22 h
  Reloj: cada hora de 9 a 23 h
- www.prague.eu
- Staroměstská
- Caro (la visita incluye las salas históricas, la torre y los sótanos)
- Bueno

Grand Café Praha
Staroměstské náměstí, 22
www.grandcafe.cz

◄ Reloj astronómico, detalle de la esfera superior.

▲ Fachada principal del Ayuntamiento de Praga.

A ambos lados del calendario hay cuatro estatuas, un ángel y tres ciudadanos.

A cambio de que financiaran sus guerras, el rey Juan "El Ciego" de Luxemburgo concedió a los praguenses el derecho a constituirse en ayuntamiento y en 1338 se empezó a construir el edificio que fue ampliándose a lo largo de los siglos y acabó en parte destruido por las tropas alemanas en 1945.

En el interior del **Ayuntamiento** pueden verse los mosaicos que representan la leyenda de Libuše y el Homenaje a Eslavia. Se puede subir (en ascensor o por 138 escalones) para ver la panorámica desde los 70 m de altura de la torre.

Antiguo cementerio judío

El amontonamiento de lápidas en el Antiguo Cementerio Judío (Starý židovský hřbitov) convierte el recinto en uno de los lugares más misteriosos y surrealistas de Praga.

7

El cementerio es una acumulación de más de 12.000 lápidas datadas entre 1439 y 1787. El recinto está más elevado que la calle a causa de los enterramientos superpuestos a otros ya existentes. Se calcula que aquí hay más de 100.000 sepulturas. Cuando el espacio era insuficiente, se sacaban las lápidas y se iban amontonando de manera desordenada, hasta producir el increíble escenario actual.

Muchas estelas están adornadas con símbolos alusivos al nombre (un león para quien se apellidara Hehuda o Levy o Low; un ratón para el apellido Maisl; un oso para los llamados Dov), a la profesión (unas tijeras para los sastres, un libro para los impresores) o al estado civil (una mujer con el brazo en alto: soltera). Existe la costumbre de dejar sobre las lápidas pequeñas piedrecitas en recuerdo de las que los judíos dejaban en las tumbas de sus difuntos durante la travesía del desierto.

Mucha gente deja en la **tumba del rabino Low** mensajes con deseos, que el milagroso cabalista ayuda a realizar. Junto a su túmulo está la pequeñísima lápida de su nieto. En el promontorio situado junto a la Sinagoga Klausen, llamado el Nefele, están los enterramientos infantiles. Frente a él hay una tumba sencilla y negra que lleva el nombre de Horowitz, constructor de la Sinagoga Pinkas y, al lado, la de su bisabuelo, el rabino Pinkas, que data de 1495.

Info

- 🕐 II A4
- ✉ Široká, 3
- 🌐 www.jewishmuseum.cz/en
- 🕐 Fin de oct-fin de mar: 9-16.30 h y fin de mar-fin de oct: 9-18 h. Cerrado los S y fiestas judías
- 🚇 Jiřího z Poděbrad
- 💶 Caro. Se visita a través de tours organizados por el Museo Judío que recorren otros importantes enclaves judíos. (Menores de seis años: gratuito)
- ♿ Bueno
- ✛ Museo Judío, Rudolfinum, Museo de Artes Aplicadas
- 🍴 **Kosher Restaurant Shalom**
  - ✉ Maiselova 18. Cocina judía y checa. Abierto de 11.30 a 14 h, excepto D

◀ El edificio del Museo Judío y detalle del cementerio.

Monasterio de Stranov

8

El monasterio de Strahov de la Guardia (Strahovský klášter) tiene la mayor biblioteca barroca de Bohemia instalada en salas decoradas y amuebladas suntuosamente.

Info

- ⏱ II C1
- ✉ Acceso por las escaleras del portal de Pohorelec, 8 (o rodeando la manzana hacia arriba para entrar por la iglesia de San Roque).
- 🖥 www.strahovskyklaster.cz/en
- 🕐 Diario. Biblioteca de 9-12 h y de 13-17 h; Pinacoteca: 9-11.30 y 12-17 h
- 🕐 **Galería Miro:** Iglesia de San Roque.
  - 🕐 Diario: 10 -17 h
  - 🖥 galeriemiro.cz
- 💶 Económico
- 🚊 Tranvía 22, parada Pohorelec
- 🍴 **Bellavista.** Klasterni Pivovar Strahov
  - 🖥 www.klasterni-pivovar. cz

▶ Biblioteca del monasterio de Strahov.

En el siglo XII había una entrada vigilada por un cuerpo de guardia en estos montes cercanos al Castillo y en 1141 los frailes premonstratenses construyeron el convento que llegó a ser el mayor de Bohemia. Ampliado y reformado sucesivamente, apenas quedan en él restos originales. En el gran recinto hay dos iglesias, una principal, la **iglesia de la Asunción** (1752), y otra menor, la **iglesia de San Roque,** construida en 1603 por Rodolfo II para agradecer el final de la peste de 1599. Actualmente es una galería de pintura contemporánea.

El monasterio de la Guardia es famoso por su **biblioteca**, que cuenta en varias salas con más de 130.000 volúmenes entre manuscritos, incunables y ediciones príncipe, así como curiosos documentos

como la carta que Kafka escribió a su padre la víspera de su muerte. La **sala Teológica,** obra de Domenico de Orsini, guarda obras sobre teología y globos terrestres de los siglos XVII y XVIII. La **sala Filosófica** (Inazio Palliardi, 1782) está decorada con un fresco que representa la historia de la humanidad, obra del vienés, Franz Anton Maulpertsch, a encargo del abad Václav Mayer. En el pasillo hay un gabinete de ciencias naturales con una curiosa xiloteca en la que se guardan los libros hechos de troncos de árboles. La **galería de Pinturas del Convento,** fundada en 1636, tiene un fondo de 1.000 cuadros, algunos de los cuales, perfectamente restaurados, se exponen en el claustro.

En el recinto hay restaurantes y un Museo de Miniaturas con padrenuestros escritos en una lenteja y curiosidades por el estilo.

Plaza de Wenceslao

La plaza más famosa de Praga (Václavské náměstí) está constituida en realidad por un impresionante bulevar de 750 m. A lo largo de este paseo podemos encontrar comercios, hoteles, bancos, cafés y quioscos, todo ello anima el popular bulevar. Fue planificado por Carlos IV como mercado de caballos de la Ciudad Nueva, nombre que llevó hasta 1848 cuando se comenzó a llamar Plaza de San Wenceslao.

9

Info

🕐 II B2
✉ Müstek (parte baja),
   Muzeum (parte alta),
   tranvías 5, 6, 9, 91, 92
✚ Museo Nacional, Museo
   Alfons Mucha, Museo
   del Comunismo,
   Torre de San Enrique

Aquel año, en el primer congreso paneslavo, se celebró en la plaza una "misa eslava" que, reprimida por el ejército austriaco, marcó el primer levantamiento nacionalista contemporáneo. Desde entonces la plaza (682 m de largo y 61 m de ancho) ha sido escenario de la historia nacional. En 1968 tuvieron lugar los enfrentamientos contra los tanques soviéticos que irrumpieron en la Primavera de Praga. En 1989, las manifestaciones de la "Revolución de Terciopelo", que terminó con el régimen comunista.

En la parte alta se encuentra el **Museo Nacional,** de estilo neorrenacentista, y, delante de él, la **estatua ecuestre de San Wenceslao** (Josef Václav Myslbek, 1912) escoltado por los cuatro santos nacionales a pie: Santa Ludmila y San Procopio delante y, detrás, Santa Inés y San Adalberto. Bajo la estatua se recuerda la autoinmolación de los estudiantes Jan Pálach y Jan Zajík en 1968. Situado en la parte baja, que está considerado como el suelo más caro de Praga, se encuentra el **Palacio Koruna** (Antonín Pfeiffer, 1914), culminado por una corona con torreta sujeta por estatuas de V. Sucharda.

La arquitectura de la plaza es un catálogo de estilos de la primera mitad del siglo XX, el modernismo de la primera década en la **Casa Peterka,** número 12, obra de Jan Kotěra, con esculturas de Karel Novák, y los hoteles Europa (Bedřich Bendelmayer, 25) y **Meran** (Alois Dryák, 27), con las fachadas adornadas con flores de cerámica vidriada.

El expresionismo de 1920 se ve en el antiguo **Banco de Moravia** (Matej Blecha, 38-40), culminado por la cabeza de un robot, palabra inventada (del checo *robota*: trabajo) por el escritor Karel Čapek. Menos estético es el funcionalismo de 1930, con edificios comerciales acristalados, como la **zapatería Bata** (núm. 6). En la esquina con la calle Jindříská está el edificio de la **Assicurazioni Generali,** donde trabajó Kafka (1907-1908). Esta plaza empieza a animarse al anochecer.

Jardines del Palacio

Salas terrenas, escalinatas y balaustradas salvan la altura entre las estrechas terrazas de los cinco jardines palaciegos bajo el castillo (Zahrady pod Pražským hradem), comunicados entre sí por la parte de arriba, desde donde se ve toda la ciudad.

10

Cuando en el siglo XVI las murallas perdieron su función defensiva, fueron derribadas y en las laderas del castillo se plantaron viñas o pequeños huertos particulares. Después de la batalla del Monte Blanco (1620), la nobleza católica vencedora adquirió estos terrenos cercanos a la residencia real para hacerse sus palacios, con entrada por la calle Valdštejnska y, en la parte de atrás, fastuosos jardines que ascendían en terrazas por la pronunciada ladera del monte. Los jardines fueron destruidos por los suecos, que invadieron Praga en la Guerra de los 30 Años (1648) y se llevaron muchas esculturas al palacio Drottningholm de Estocolmo. Fueron rehechos después en estilo rococó por el paisajista italiano, Inazio Palliardi (1748).

La **sala terrena**, situada a ras de tierra del palacio Ledebour, es obra de Giovanni Alliprandi (1700) y está decorada por Václav Reiner con escenas mitológicas. El **jardín pequeño del palacio Pálffy** es un huerto de plantas "útiles", mientras que el grande, ornamental, tiene siete terrazas coronadas por un mirador. En el **jardín del palacio Kolowrat,** quizás el más bonito, predominan los árboles frutales.

Desde la sala terrena del palacio Furstenberg parte una larga escalinata entre dos *Orangeries* (invernaderos para resguardar del frío a los naranjos y limoneros), que conduce al mirador de la séptima terraza.

Info

- II B2
- Valdštejnská náměstí, 12-14 Malá Strana
- palacove-zahrady.cz/en
- Abr y oct: 10-18 h. May-sep: 10-19 h. Cierra de nov a mar.
- Malostranská
- Económico. (Menores de seis años: gratuito)
- Limitado
- Palacio Valdštejn, Museo de Kafka

◄ Vista de la catedral desde los jardines del castillo.

◄ Praga cuenta con grandes espacios verdes para descansar.

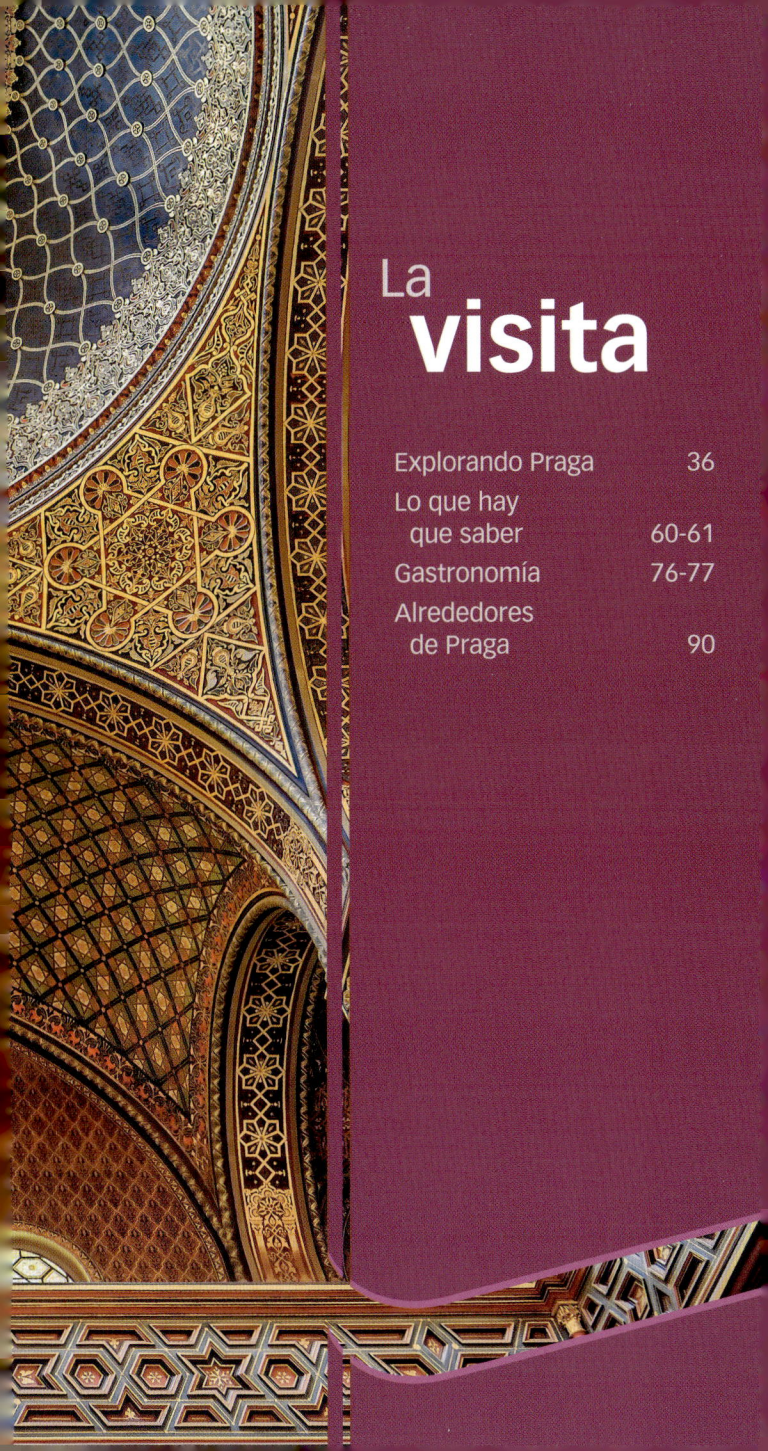

La
visita

Explorando
Praga

Las ciudades, como los sueños, están construidas de deseos y de miedos, aunque el hilo de su discurso sea secreto, sus reglas absurdas, sus perspectivas engañosas y "toda cosa esconda otra", como escribe Italo Calvino, en *Las ciudades invisibles*. Praga bien podría aparecer en el desfile de las ciudades fantasmagóricas que Marco Polo describe a un inquieto Kublai Kan en el libro de Calvino. Y no solo por el encanto de la arquitectura y la topografía, sino por una razón mucho más profunda. Como Sofronia, Zemrude y otras ciudades invisibles, Praga se transforma, como en un juego de cajas chinas, en otras ciudades; es un poliedro que vive en la diversidad y en la contradicción.

I Praga

Praga, la ciudad de los 13 puentes y 123 torres y cúpulas de iglesia, es una moderna metrópoli que desde hace siglos se mira en el río Moldava. Tiene el mayor centro urbano inscrito en el Patrimonio Universal de la Unesco. En los siguientes barrios se reparten los monumentos y motivos turísticos.

La **Ciudad Vieja** (Staré Město) es la parte más antigua de Praga, con una gran plaza central y, alrededor, un dédalo de callejas con muchos cafés y pequeños comercios llenos de turistas. Junto a esta se halla el barrio judío **(Josefov).**

La **Ciudad Nueva** (Nové Město) fue planificada en el siglo XIV por Carlos IV a extramuros de la Ciudad Vieja, en tres plazas de mercado: el Mercado del Heno (Senovážne námětsí), el de Caballos (actual Vaclavské námětsí) y la Feria de Ganado (actual Karlovo námětsí) y se extendía hasta el Castillo Alto (Vyšehrad). Su catedral, inconclusa, era Santa María de las Nieves. Los fosos de la muralla (Na Příkopě) forman actualmente sus principales avenidas comerciales.

El **Castillo de Praga** (Pražský hrad) se eleva sobre un monte que domina la Ciudad Vieja desde el otro lado del río. Es un recinto amurallado que incluye iglesias, monasterios, museos y la Catedral. Detrás de él se extiende la Ciudad del Castillo (Hradschin), en la que están los monasterios de Strahov y de Loreto.

Abajo queda el **barrio de Malá Strana,** literalmente "Lado pequeño" porque el espacio que los montes del Castillo y de San Lorenzo (Petřín) dejan en esta orilla del Moldava es angosto.

En él se hacinan las casas formando uno de los mejores conjuntos barrocos de Europa y, en el río, la **isla de Kampa,** formada por el "Arroyo del Diablo". Detrás de la Ciudad Nueva y del Museo Nacional, en los barrios de Vinohrady, Žižkov, Karlin… en cuyos bares y restaurantes el visitante encontrará gran animación y se sorprenderá de la amabilidad y simpatía de la gente.

▲ Tranvía circulando por la Plaza de San Wenceslao.

Ciudad de judíos que escribían en alemán,
de calles y palabras sin final alguno,
de invasores insuficientemente extranjeros,
o acaso no sea Praga una ciudad, una sinfonía
ni la historia ni una vida ni este libro;
acaso sea simplemente una metáfora.

Manuel Vázquez Montalbán. *Praga,* 1982

LO QUE HAY QUE VER EN PRAGA

BARRIO JUDÍO

● II B4
🚇 Staromestská

▌ JOSEFOV ★★★

La judería de Praga se encuentra desde el siglo XIII entre las actuales calles de Kaprová (calle de la Carpa), Dušni (Calle de las Ánimas) y el río. Desde el siglo XVII estuvo cercada por una tapia cuyas siete puertas se cerraban a la caída del sol.

El emperador Josef II, dictó en 1781 la "Patente de Tolerancia", que permitía a los judíos salir a la calle a cualquier hora sin el obligatorio ropón amarillo, residir fuera del gueto, ejercer cualquier profesión, asistir a escuelas públicas y servir en el ejército. Entonces, los judíos que pudieron se trasladaron a otros barrios y las míseras casas del gueto fueron ocupadas por una población marginal que lo convirtió en un pozo de delincuencia y prostitución.

Paseando por las elegantes calles actuales es difícil hacerse una idea de lo que era el barrio en esta época: no había canalización y el suministro de agua

▶ Los puentes de Praga en una mañana otoñal.

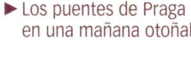

potable era insuficiente; como estaba a la altura del río, también eran frecuentes las inundaciones de calles y sótanos.

Estas deficiencias higiénicas y el hacinamiento –su densidad de población duplicaba la media de Praga– producían frecuentes brotes de enfermedades y altos índices de mortalidad.

En 1885 el Ayuntamiento decidió derribar el barrio y construir calles amplias con viviendas que cumplieran unas condiciones higiénicas para las que en esta época en Praga había una demanda urgente. Se derribaron 600 casas y hacia 1920 ya estaba construido el flamante barrio al que se nombró **Josefov** en honor de Josef II.

Se elevó el terreno a 3 m sobre el nivel del río, donde se construyeron muelles, puentes y la Plaza del Rudolfinum (hoy **Plaza de Jana Palacha**), y se trazó la parisina avenida Pařížská cortando el gueto por la mitad sin tener en cuenta el trazado de las callejuelas.

Solo se respetaron seis sinagogas, el Ayuntamiento Judío y el Cementerio Viejo, que, remodelados, integran el **Museo Judío**.

● ● ● ● ● ● ● ●

II C4

✉ Centro de Información y reserva. Maiselova 38/15 en el barrio de Josefov

🌐 www.jewishmuseum.cz

🕐 Mar-oct de 9-18 h; Nov-feb: 9-16.30 h. Cerrado S y fiestas judías

🚇 Staroměstská (Metro A, tranvías: 17 o 18, autobuses: 194, 207)

📑 Dos tipos de tours: uno por la Praga Judía y otro por los lugares que forman parte del Museo Judío Caro. Menores de seis años: gratuito

♿ Accesible

▼ Interiores de la Sinagoga Jerusalén. Al lado, la Sinagoga Viejonueva.

▎ MUSEO JUDÍO EN EL BARRIO DE JOSEFOV ★★★

El Museo Judío, en el barrio de Josefov, está repartido entre las sinagogas y recintos que se enumeran a continuación: **Antiguo Cementerio Judío**, **Antigua Sala de Ceremonias**, las **sinagogas de Klausen**, **Maisel**, **Pinkas** y **Española** y la galería Robert Guttmann.

En el centro de información, inaugurado en 2014, se compran las entradas para la visita conjunta.

▎ STARONOVÁ SYNAGÓGA (SINAGOGA VIEJONUEVA) ★★★

La Sinagoga Viejonueva es una de las más antiguas de Europa Central, construida en piedra en 1270. El origen de su extraño nombre lo recoge Petiška en su recopilación de leyendas *El Golem*: cuando la comunidad judía creció, el consejo de ancianos decidió construir una sinagoga en un altozano que había en la mitad del barrio.

Al excavar para hacer los cimientos aparecieron piedras sillares dispuestas como los cimientos de una casa. Se decidió construir la nueva sinagoga sobre ellas y así se llamó "Sinagoga Vieja y Nueva",

porque estaba hecha de piedras nuevas y viejas. Luego empezó a hablarse de que las antiguas piedras provenían del Templo de Jerusalén.

La sinagoga fue remodelada en 1883 por Josef Mocker, pero conserva sus muros originales. Está en la **calle Roja** (*Červená ulice*) del gueto, llamada así porque en ella había carnicerías que tenían las fachadas pintadas de rojo.

El recinto de oración está dividido en dos naves por pilares octogonales y es un amplio espacio apropiado también para escuela y juzgado, que eran otras funciones que se realizaban en las sinagogas.

En mitad del recinto una reja gótica rodea la tribuna de prédicas, con un púlpito desde el que se leía la Torá. Una bandera testimonia el privilegio de usar un estandarte propio concedido a los judíos por Carlos IV. En el centro de la bandera hay una estrella de cinco puntas, y en la estrella un gorro que se puso como recuerdo de la defensa de los judíos contra el invasor sueco de la Guerra de los 30 Años.

El *almemor* o armario de la Torá es una especie de sagrario, situado en medio del muro que da al este. Data del siglo XVI y en el tímpano tiene decoración de vides y flores.

En el mismo muro hay una ventana para ver el primer rayo de luz matutina y proceder a la primera oración del día. Alrededor del *almemor* están los bancos de los fieles colocados jerárquicamente, pues se compraban y heredaban familiarmente.

I KLAUSOVÁ SYNAGÓGA (SINAGOGA KLAUSEN) *

Su construcción fue financiada por el rico judío Mordechai Maisel y el Rabino Low, en la calle de peor fama del gueto: la calle de la Casa Alegre (Hampejzská). Se construyó sobre tres pequeños edificios públicos o "Klausen" que allí había antes del siglo XVI: un hospital, una escuela y un oratorio.

En 1883 sufrió una renovación radical y tras sucesivas reformas entre 1960-1984, se dedicó a sala de exposiciones del Museo Judío, exhibiendo manuscritos y grabados antiguos, y en el piso superior exposiciones sobre costumbres y tradiciones.

I OBŘADNÍ SÍŇ (SALA DE CEREMONIAS EN JOSEFOV) *

La Casa de Ceremonias, construida en 1908 por el arquitecto Gerstl, con aspecto de castillete modernista, alberga la segunda parte de una exposición de costumbrismo y tradiciones judías que exhibe su primera parte en la sinagoga Klausová.

· · · · · · · ·

✉ Červená, 2
🕐 Abierta de dom a jue.
Abr-oct: 9-18 h.
Nov-mar: 9 h a 17 h.
Los V cierra una hora antes del shabbat. Los S cierra.
💰 Moderado. Se puede visitar individualmente
♿ No accesible
🍴 **King Solomon**
  ✉ Široká, 8
  🌐 www.kosher.cz/en
  Cocina kosher

▲ Modernista portada de la Sinagoga del Jubileo.

· · · · · · · ·

✉ U Starého hřbitova, 3a
♿ No accesible

· · · · · · · ·

✉ U Starého hřbitova, 3
♿ No accesible

UN PASEO A PIE

El Camino Real

Distancia
3 km

Tiempo
1,5 horas sin paradas

Punto de partida
Torre de la Pólvora,
en Náměstí Republiky

Punto de llegada
Castillo de Praga,
Pražský hrad

❙ Cortejos reales

El primero en utilizar este Camino Real fue el rey checo Jiří de Poděbrad (1548). También la emperatriz austriaca María Teresa, en 1743. El cortejo de Leopoldo II (1791) llevaba caballeros, nobles, príncipes y obispos y más de 100 carruajes. El zoófilo Fernando V (1836) se hizo acompañar de caballos y camellos.

▼ Guardia a la entrada del castillo.

❙ El Camino Real, antiguo itinerario del cortejo de las coronaciones reales, transcurre desde el **Palacio Real**, situado junto a la **Torre de la Pólvora**, hasta el **Castillo.** Actualmente resucitado como itinerario turístico, el Camino Real recorre las calles más monumentales de Praga.

El primer tramo, hasta la **Plaza Vieja**, recorre la **calle Celetná**, llamada así por los panecillos *(zeltner)* que se vendían allí en la Edad Media. Entre los edificios de la calle destacan la **casa de la Moneda** y el **Museo Cubista** (▶21).

❙ Atraviese la **Gran Plaza** y salga por el lado del **reloj astronómico** y el **edificio U Minuty,** que separa la Plaza Mayor de la Plaza Chica.

La **Plaza Chica** *(Malé naměsti)* tiene en el centro una fuente con una reja forjada de 1550. La **casa de las Tres Rosas Blancas** es uno de los mejores comercios de cristal de Bohemia de Praga. Aquí abrió su farmacia Àngelo de Florencia, boticario de Carlos IV.

❙ Siga por la **calle Karlova,** en la que llama la atención la **casa del Pozo Dorado** (núm. 175), con estucados para proteger de la peste a sus moradores. El **Clementinum** (▶59) es el último edificio de la calle, antes del Puente de Carlos.

Cruce el **Puente de Carlos** a paso procesional. Seguramente no le quedará otro remedio, dada la gran cantidad de gente, músicos, pintores, vendedores (y rateros) que suele haber, y disfrute de las vistas.

❙ Se entra en Malá Strana, el "Lado Chico" del río. Siga por la **calle del Puente** *(Motecká)* hasta la **plaza de Malá Strana** *(Malostranské náměstí),* con múltiples terrazas.

Suba al **castillo Hrad** por la calle Nerudova (▶26).

❙ Desde la plaza de Malá Strana sube hacia el castillo la **calle Nerudova** (▶26). También se puede subir al castillo por las escaleras de Zámecké Schody. Allí está la **estatua** del músico y actor **Karel Hasel,** asesinado por los nazis en 1941.

▮ **STARY 7IDOVSKY HRBITOV
(ANTIGUO CEMENTERIO JUDÍO) (▶29)** ★★★

▮ **PINKASOVA SYNAGÓGA
(SINAGOGA DE PINKAS)** ★★

Los problemas de diferencias rituales entre las comunidades judías cobraron actualidad cuando, a la caída del muro, emigraron a occidente muchos judíos del bloque soviético, pero no nuevos. Ya en el siglo xv, el rabino polaco Pinkas (o Pinchas) se enfrentó a las autoridades del gueto de Praga por diferencias litúrgicas y decidió construirse un oratorio privado que, años más tarde, en 1535, fue ampliado y convertido en sinagoga pública por su nieto Zalman Horovski.

Las frecuentes inundaciones obligaron a levantar los suelos, con lo que el recinto renacentista perdió originalidad. En 1900 se descubrió el pozo y el baño ritual. En 1960 los pintores Jiřl John y Václav Boštik empezaron a escribir en las paredes los nombres de los 77.297 judíos de Bohemia y Moravia deportados por los nazis, con las fechas de nacimiento y de deportación.

En su primera planta alberga una exposición de dibujos infantiles del campo de concentración de Terezín, desde donde 15.000 niños fueron transportados a Auschwitz, en Polonia, para su exterminación.

▮ **MAISELOVA SYNAGÓGA
(SINAGOGA DE MAISEL)** ★

Construida como sinagoga privada en el siglo xvi por el rico judío Mordechai Maisel, ha sufrido a lo largo de la historia incendios y transformaciones.

La última, en 1893-1905, le dio el estilo modernista neogótico actual. Durante la ocupación nazi sirvió de almacén de objetos requisados a los judíos. La exposición permanente, dedicada a la cultura judía, presenta objetos de culto procedentes de Moravia y Bohemia (siglos X-XVIII).

▮ **ŠPANELĚŠKÁ SYNAGÓGA
(SINAGOGA ESPAÑOLA)** ★★★

Parece que en este lugar se instalaron en el siglo x los primeros judíos llegados a Praga, y aquí fundaron la sinagoga más antigua de la ciudad, de la que solo queda el nombre de la calle: U Staré školý (junto a la Antigua Escuela).

Solo parece confirmado por la tradición popular que aquí se establecieran los judíos sefarditas expulsados de España por los Reyes Católicos en 1592 y de Portugal en 1536.

✉ Široká, 3
♿ No accesible

¿Sabías que...?

El origen de la fortuna de Pinchas es una de las más originales leyendas del gueto de Praga. Pinchas era un judío pobre hasta que un día alguien intentó ofenderlo arrojando al interior de su casa un mono muerto, pero resultó que la panza del animal estaba llena de onzas de oro. Por lo visto había sido propiedad de un noble y, con su instinto de imitación, como veía que su amo mordía las monedas para ver si eran buenas, el simio se las había tragado.

✉ Maiselova, 10
♿ Accesible

✉ Vězeňská, 1
♿ Accesible
 Casi enfrente de la Sinagoga Española está la iglesia del Espíritu Santo (Kostel sv. Ducha)
Galería Robert Guttmann
✉ U Stare Scole, 1
♿ Accesible

▲ Sinagoga de Pinkas.

El grupo de casas que surgió en torno a la sinagoga era conocido en Praga como "la isla portuguesa" y en él "reinaba un barullo peculiar, que lo hacía más interesante que cualquier otra calle de la Ciudad Judía", según el cronista František Ruth. El actual edificio fue construido en 1868 por Vojtěch Ignác Ullman. Es una nave de planta cuadrada modernista con una gran bóveda y abigarrada decoración de arabescos, como dictaba la moda de las sinagogas modernistas, como la **Sinagoga del Jubileo,** pocas calles más arriba o la Nueva Sinagoga de Berlín.

Enfrente de la Sinagoga Española está la **iglesia del Espíritu Santo** *(Kostel sv. Ducha).* Ante el pórtico principal hay una estatua de San Juan Nepomuceno, obra de Maximilian Brokoff, 1725. Detrás de la sinagoga hay una interesante galería de arte que forma parte del Museo Judío: la **Galería Robert Guttmann,** que fue inaugurada en 2001, exhibe exposiciones temporales.

❚ ANEŽKY ČESKÉ KLÁŠTER (MONASTERIO DE SANTA INÉS DE BOHEMIA)   ★★★

La abadesa Santa Inés (1211-1282), hija del rey Ottokar I y hermana de Wenceslao I, es un patético personaje histórico. Su padre y su hermano inten-

📍 II B4
✉ U milosrdných, 17
📞 www.ngprague.cz/en
🕐 M-D: 10-18 h
🎫 Moderado. Menores de 18 años y estudiantes menores de 26 años: gratuito
♿ Accesible
Ⓜ Náměstí Republiky (B)
➕ En la calle Bilkova 10, Kafka escribió "El Proceso"

taron emparentar con las cortes europeas y la ofrecieron en matrimonio a Federico II Barbarroja, al rey de Inglaterra y al rey de Sajonia. Pero Bohemia tenía poco peso en la Europa medieval y fue sucesivamente rechazada. Decidió hacerse monja y fundar su propia orden religiosa, pero los papas Gregorio IX e Inocencio IV tampoco se lo consintieron. Por fin construyó el convento para las clarisas y se quedó allí de abadesa. Su santificación, en 1989, fue la contribución de Juan Pablo II a la Revolución de Terciopelo.

Del convento, uno de los edificios góticos más importantes de Bohemia, se conserva el claustro, la sala capitular, el refectorio y las capillas de Santa Magdalena y de San Salvador, donde se encuentra la cripta de los Přemyslitas (1280).

En otra parte del convento, se encuentra una de las sedes de la **Galería Nacional** –junto a los palacios Schwarzenberský, Šternberský, Salmovský, de exposiciones y Kinský– expone una impresionante colección de pintura y escultura religiosa de Bohemia y Europa Central, que incluye obras de los grandes tallistas góticos: Veit Stoss, Tilmann Riemenschneider…

▲ Monumento al escritor Franz Kafka.

▌ UMĚLECKOPRŮMYSLOVÉ MUZEUM (MUSEO DE ARTES DECORATIVAS) ⋆⋆

El frontal de la Plaza del Rudolfinun (Plaza de Jana Palacha) que da al río, está formado por la Facultad de Filosofía. En la esquina hay una placa dedicada al mártir de la Primavera de Praga que precisamente da nombre a la plaza, Josef Šakar

El museo se ubica en la calle 17 Listopadu. Esta denominación nos recuerda la trágica fecha en la que numerosos estudiantes fueron asesinados por los nazis, el 17 de noviembre de 1939.

El edificio es obra de Josef Schulz (1897-1901), el también arquitecto del Museo Nacional. Fue construido sobre parte del cementerio judío (desde los servicios del museo se puede ver muy bien), y entre otras cosas, documenta la historia de los materiales y objetos decorativos que van desde el gótico hasta el siglo xx.

Muestra la moda textil, en artes gráficas aplicadas y fotografía, cerámica, vidrio, porcelana, metales, etc. Son famosas sus colecciones de cristal de Bohemia y de cerámica de Meissen, cuya historia cuenta con amenidad Bruce Chatwin en su novela, *Utz*, editada por *El Aleph* en 2008. En su planta baja se encuentra la tienda de recuerdos y un café, con mobiliario modernista original.

- ⊙ II B4
- ✉ 17 Listopadu, 2/2
- ☎ www.upm.cz
- ⊙ M:10-20 h. X-D: 10-18 h
- ⊟ Moderado. Menores de 6 años: gratuito.
- ♿ Accesible
- Ⓜ Staroměstská
- ▮Ⓒ Restaurante y café en su interior

► Edificio del Rudolfinum.

● ● ● ● ● ● ● ●
🕐 II B3
✉ Alšovo nábřeží, 12
(Muelle de Aleš)
📱 galerierudolfinum.cz/en/
🕐 Galería Rudolfinum.
M-D:10-18 h. J: 10-20 h.
🚇 Staroměstská
💲 Gratuito
♿ Accesible
🍴 **Café Rudolfinum**
Entrada por el lado
del muelle (11-23 h)

● ● ● ● ● ● ● ●
🕐 II C4
✉ Staroměstská náměstí
🚇 Staroměstská
🍴 **Pivnice u Kata.**
U radniče, 6
Vinatería típica, con menú a
mediodía. Telf. 224 236 363

❙ RUDOLFINUM **★★**

El Rudolfinum, lleva el nombre del príncipe heredero austriaco, hijo de Francisco José II y de Sissi, que, enfrentado a la política de su padre, se suicidó (probablemente) con su amante en el Palacio de Mayerling.

Construido como sala de conciertos y Conservatorio (1871-1884) por Josef Zitek y Josef Schulz y, con el **Teatro Nacional** y el **Museo,** completa el trío neorrenacentista de la Praga de 1900. En el Rudolfinum dirigieron Dvořák y Brahms. Reconstruido en 1992 es sala de conciertos (Sala Dvořák) y sede de la orquesta filarmónica checa.

EN LA CIUDAD VIEJA

❙ STAROMĚSTSKÁ RADNICE (AYUNTAMIENTO DE LA CIUDAD VIEJA) (►27) **★★★**

❙ STAROMĚSTSKÉ NÁMĚSTÍ (PLAZA DE LA CIUDAD VIEJA) **★★**

La calle Celetná entra en la Plaza de la Ciudad Vieja con una serie de casas históricas de interesantes

▲ Estatua de Dvořák frente al Rudolfinum.

fachadas y tradición literaria. La **casa de la Cigüe-ña** o **casa de la Virgen de Piedra,** en el núm. 16, cuenta con una interesante fachada resaltada por los murales de Mikulas Ales con San Wenceslao a caballo. Una pequeña marca del siglo XVI da nombre a la contigua **casa del Cordero de Piedra** (núm. 17) que tiene una portada renacentista.

En la **casa de la Farmacia del Unicornio** (núm. 15), de fachada barroca, el compositor Bedřich Smetana fundó una escuela de música en 1820 y Kafka asistió aquí a las tertulias literario-espiritistas de la mujer del arquitecto Fanta. En este edificio vivió Albert Einstein, profesor de la Universidad en 1910-1911.

Numerosa afluencia de público, tenderetes de mercado turístico, cafés, bancos y la Oficina de Turismo llenan la Plaza Vieja, considerada una de las más bonitas del mundo.

En el siglo XII era un mercado y a lo largo de la historia se convirtió en escenario de los principales acontecimientos públicos y enfrentamientos religiosos, el más importante de ellos, el ajusticiamiento en 1621 de los 27 nobles bohemios que encabeza-

ron el movimiento husita, vencido en la batalla del Monte Blanco.

Aquí fueron decapitados y sus cabezas ejemplarmente expuestas durante más de diez años en el Puente de Carlos.

En el centro de la plaza, culturalmente muy bien integrado en el conjunto, se encuentra el **monumento a Jan Hus,** que es obra de Ladislav Šaloun, un escultor autodidacta considerado "el Rodin Checo".

El monumento se instaló en 1915 con motivo del quinto centenario de la muerte del reformador Jan Hus (1369-1415) y en la actualidad es un símbolo de la autonomía del pueblo checo. El reformador fue quemado en la pira durante el Concilio de Constanza por todas las críticas que hizo a la iglesia de Roma. El zócalo lleva inscrito su propio lema que dice: "Ama la verdad, defiende la verdad y propaga la verdad".

En el adoquinado de la plaza aparece el **Meridiano de Praga** que, hasta 1918, estaba marcado por la sombra que proyectaba a mediodía una columna de la Virgen erigida en 1650 por el emperador Fernando III. Una semana después de la proclamación de la

República Checoslovaca en 1918, la estatua, símbolo del dominio de los Habsburgos, fue demolida.

El frente de la plaza está formado por la fachada rococó del **Palacio Goltz-Kinsky,** los edificios góticos de la **casa de la Campana de Piedra,** y las casas góticas porticadas de la antigua **Escuela del Týn,** por uno de cuyos arcos se accede a la iglesia del Týn.

La arquería se prolonga por la contigua **casa del Unicornio Blanco.** La gran fachada norte de la plaza está ocupada por edificios neobarrocos, entre los que se cuenta el Ministerio de Comercio y el antiguo Convento Paulaner (1694, J. Canevalle, estatuas de V. Jäckel). Este lateral acaba en la **iglesia de San Nicolás** (Kilian I. Dientzenhofer).

La fachada barroca de la iglesia está adornada con esculturas de Antonin Braun que representan a San Procopio, San Adalberto, y los santos Cosme y Damian.

El interior sirvió sucesivamente de iglesia, almacén y sala de conciertos. Desde 1920 es el templo principal del rito husita en Praga. En la casa vecina, que era la antigua casa parroquial (U radnice 54), nació Franz Kafka.

▲ Detalle de la iglesia de Nuestra Señora del Týn.

◀ Monumento a Jan Hus, en la plaza de la Ciudad Vieja.

UN PASEO A PIE

Por la Ciudad Nueva

Distancia
2 km

Duración
45 minutos

Punto de partida/llegada
Puente de Carlos

Restaurantes
U Flekŭ. Kremencova, 11.
en.ufleku.cz. Museo:
L-S:10-16 h (visita condicio-
nada a consumición)

Galería Manes. Art Café.
Masarykovo nábreží, 250.
www.manesrestaurant.cz/
en/ L-J: 8-20 h; V-S: 8-21 h
y D: 9-20 h

**Iglesia Kostel sv. Cyrila a
Metodfje.** Resslova ulice,
9. L-D: 8-19 h

Galerías Galeria Vltavín
Masarykovo nábreží, 36
www.auctions-art.cz.
L-V: 10-12 h y 13-18 h

▶ Antigua torre del agua
(Staromestska Vodarna)
en el muelle Smetana
de la Ciudad Vieja.

▍Desde el **Puente de Carlos** y el **muelle Smetana** siga por la orilla del río hacia arriba, deje a la izquierda el **Teatro Nacional** y el **Café Slavia** y continúe por la orilla del río hasta la **Galería Manes,** una de las mejores de Praga, en una isla del río.

Busque el café, que tiene un salón acristalado con vistas imponentes. Enfrente queda la **Casa Danzante** *(Tančící Dům),* conocida como "Ginger y Fred", obra de Frank O'Gehry. Se construyó en 1995 sobre las ruinas de los bombardeos de la II Guerra Mundial.

▍Deje el río y suba por la calle Resslova hasta la plaza de Carlos. Hay dos iglesias barrocas: a un lado **San Wenceslao,** de rito husita, y, casi enfrente, **San Cirilo y San Metodio** (K.I. Dientzenhofer, 1730).

Al final de la calle Resslova está la gran **plaza de Carlos** (▶68). En el extremo sur encontrará la **casa de Fausto** (núm. 40), domicilio de alquimistas y embaucadores, cuyo tejado no se podía cerrar. Hoy pertenece a la Facultad de Medicina.

▍Salga de la plaza por el otro extremo (calle Obdorŭ). Cerca queda la **cervecería-museo U Flekŭ** y en la calle paralela está el **Café-librería Globe.**

En estas calles hay buenas galerías de arte checo actual, como la **Galería Vltavín.**

▶ Casa Danzante.

▲ Sala interior de la Galería Nacional de Praga.

● ● ● ● ● ● ● ●

📍 II C4
✉ Staroměstské Nám., 12
🌐 www.ngprague.cz/en
🕐 M-D: 10-18 h
💰 Moderado. Menores de 18 años y estudiantes menores de 26 años: gratuito
♿ Accesible
🚇 Staroměstská nám

❚ PALÁC KINSKÝCH. (PALACIO KINSKY. GALERÍA NACIONAL DE PRAGA)   **✱**

El Palacio Kinský lo empezó a construir Kilian Ignaz Dientzenhofer y, a su muerte, lo continuó su yerno Anselmo Lurago que, en 1765, completó la fachada rococó que da a la plaza. Las esculturas del tejado son del taller de Ignaz Platzer.

En el edificio estuvo también el Instituto donde estudiaron Kafka, Max Brod, Franz Werfel y Karl Kraus. La tradición literaria del Palacio Kinský no se limita a la tienda del padre de Kafka y al Instituto Alemán de Humanidades. En él nació y vivió la escritora Bertha von Suttner (1843-1914), cuyo apellido de soltera era Kinský. Fue ella quien sugirió a Alfred Nobel (1833-1896), crear el Premio Nóbel de la Paz, de la que fue primera adjudicataria femenina en 1905.

Desde 2014 alberga exposiciones de Arte Antiguo y hasta febrero de 2018 expuso arte asiático. Asimismo acoge muestras temporales. Es una de las sedes de la Galería Nacional junto al Monasterio de Santa Inés de Bohemia y los palacios Schwarzenberský, Šternberský, Salmovský y de exposiciones.

◀ Plaza de la Ciudad Vieja
con la Iglesia de Nuestra
Señora del Týn.

▌ KOSTEL PANNY MARIE PŘED TÝNEM
(IGLESIA DE NUESTRA SEÑORA DEL TÝN) ✱✱

Týn es una antigua palabra checa que significa
"aduana", y en este lugar se refiere concretamente
a los patios que hay detrás de la iglesia, allí donde
los mercaderes almacenaban antaño sus mercancías hasta que llegaba el momento en que pagaban
los aranceles para poder venderlas en Praga o bien
continuar viaje.

Desde el siglo XII había ya en esta plaza una
iglesia románica que en el siglo XIV se empezó a
agrandar, y que se convirtió en el principal templo
del movimiento husita durante el siglo XV. Interesantes son los trabajos escultóricos del pórtico norte,
al que se llega por el callejón Tynská.

El interior alberga diversas pinturas de Karel Škréta y también tallas y lápidas. Entre ellas se cuenta
la del danés Tycho Brahe (1546-1601), un noveles-
co astrólogo de Rodolfo II en cuya escultura puede
verse su nariz de oro (la nariz de carne la había
perdido en un duelo en Hamburgo), o también la
de Simón Abeles, un niño judío asesinado por su

🕓 II C4
✉ Staroměstké Náměstí
📱 www.tyn.cz/cz
🕐 Mar-Nov: M-S: 10-13
y 15-17 h y D: 10-12 h
Durante el rito no es posible
la visita
🚇 Staroměstská
♿ Accesible (desde la calle
Celetná 5)

propio padre porque quería bautizarse y al que los jesuitas proclamaron santo.

Las torres de la iglesia, de unos 80 m de altura, son distintas: la de la derecha es más gruesa (que representa a Adán) y la de la izquierda más esbelta (representa a Eva).

▌ TÝN (EL PATIO DE LA ADUANA)   ✳

Es uno de los patios más antiguos de Praga, situado entre las calles Týnská, Štupartská y Malá Štupartská. Probablemente data del siglo XI, y fue construido como patio de retención de mercancías hasta el pago de los aranceles aduaneros (*Ungelt*). Han sido completamente reconstruidos y convertidos en una gran terraza donde sacan sus mesas los restaurantes de la zona.

El edificio más importante es el **Palacio Granovský**, con fachada renacentista esgrafiada en negro, reconstruido en 1996 y dedicado a oficinas.

▌ KOSTEL SVATÉHO JAKUBA
(IGLESIA DE SANTIAGO)   ✳✳

Saliendo del patio del Týn por detrás se encuentra la iglesia de Santiago. Era la iglesia del gremio de carniceros –la "calle de los carniceros", Masná Ulice, queda justo detrás– que ellos defendieron con sus hachas de las destrucciones husitas. Construida en 1370 por Carlos IV como convento de los frailes menores (franciscanos), fue reformada en la época barroca (1695).

⊕ II C4
✉ Staroměstké naměstí

⊕ II C4
✉ Malá štuparská, 6
☎ praha.minorite.cz
🕐 9.30-12 y 14-16 h
Ⓜ Staroměstská
♿ Regular

▼ Bello interior de la iglesia de Santiago.

En el interior de la iglesia, exactamente a la derecha de la entrada, cuelga de una cadena el brazo momificado de un ladrón sacrílego.

Al norte del crucero, en lo que fue el convento franciscano, está la **Escuela de Arte**. Es sede de un festival internacional de órgano.

**I PRAŠNÁ BRÁNA
(TORRE DE LA PÓLVORA) (▶21)** ✱✱✱

**I DŮM U ČERNÉ MATKY BOŽÍ
(MUSEO CUBISTA)** ✱✱

Creado en pintura por Picasso y Braque a partir de 1907, los arquitectos checos de la época adoptaron el cubismo en sus edificios y lo convirtieron en estilo arquitectónico. Se fundó el "Grupo de artistas cubistas" para desarrollar una arquitectura única en todo el mundo: el cubismo praguense.

Los artífices fundamentales son Josef Gočár (1880-1945) alumno y colaborador de Jan Kotěra, cuyas obras más conocidas son esta casa de la Virgen Negra, el **Legiobank** (Na Poříčí, Ciudad Nueva) y Josef Chochol (1880-1956), que es considerado su creador y construyó casas bajo el Vyšehrad. Entre los diseñadores de mobiliario destacan O. Gutfreund y V. Hoffmann.

La casa de la Virgen Negra fue el primer edificio cubista de Praga, construido para comercio del mayorista Fratisek Herbst. Debe su nombre a la imagen del siglo XVII encerrada en la esquina tras una reja.

En los pisos segundo y tercero hay una exposición permanente de cubismo praguense (muebles, cerámica, pintura y escultura), que no es grande y, por eso mismo, permite apreciar detalladamente los objetos. En el primer piso encontramos uno de los cafés más bonitos de Praga, mientras que en la planta baja hay una tienda de objetos cubistas.

I CAROLINUM, UNIVERSIDAD CAROLINA ✱

Carlos IV fundó la Universidad Carolina, Carolinum, en 1348 al estilo de la Sorbona de París. Fue la primera del Imperio Alemán y estaba concebida como un centro cosmopolita para checos, alemanes, austriacos, polacos y suecos.

Este espíritu universal empezó a restringirse desde que, en tiempos de Jan Hus, empezaron a surgir las polémicas nacionalistas (siglo XVI), se siguió con el espíritu de Contrarreforma (siglos XVII-XIX) y por fin fue dividida según idiomas en 1882. Del antiguo edificio gótico solo se conserva un mirador saledizo.

• • • • • • • • •

⬚ II C4
✉ Ovocný trh, 19 (esquina Celétná, 34)
🖥 www.czkubismus.cz/en/
🕐 M: 10-19 h y X-D: 10-18 h
Ⓜ Náměstí Republiky
💺 Moderado (Menores de 15 años: gratuito)
♿ Regular
➕ Torre de la pólvora, Casa Municipal, Calle Celétná
☕ **Grand Café Orient**
   ✉ Ovocný trh,19
   🌐 grandcafeorient.cz/env

• • • • • • • • •

⬚ II C4
✉ Ovocný trh, 5 / Železná ulice
Ⓜ Můstek
♿ Accesible

STAVOVSKÉ DIVADLO (TEATRO DE LOS ESTAMENTOS) **

Milos Forman utilizó como decorado para su película *"Amadeus"*, estas calles y el Teatro de los Estamentos Parlamentarios, un edificio que, tras sucesivas renovaciones y cambios de nombre, ha quedado en estilo clasicista.

En él estrenó Mozart sus óperas *Don Juan* y *La clemencia de Tito*. Ante la fachada hay una estatua del Comendador. Fue construido en 1783 y entonces llevaba el nombre de su mecenas, el conde Nostitzt, pero años más tarde, en 1799, pasó a ser propiedad de los estamentos bohemios y cambió su nombre por Teatro de los Estamentos. Hacia mitad del siglo XIX se llamó Teatro Alemán.

Desde 1946 llevó el nombre del autor del texto del Himno Nacional checo, Josef Tyl, Teatro Tyl, hasta que en 1991 se volvió a llamar Teatro de los Estamentos.

II C4
Ovocný trh, 1
www.narodni-divadlo.cz/en/estates-theatre
Accesible

HAVELSKÁ ULIČKA (MERCADO DE LA CALLE DE SAN GALO) **

Desde Celétna por la calle del Hierro, Železná, se llega al antiguo Mercado de la Fruta. Desde la **Universidad Carolina**, el **Teatro de los Estamentos** y la **Iglesia de San Galo,** salen tres calles paralelas, Havelská (calle de San Galo), Rytířská (calle de los Caballeros) y V Kotcích (calle de los Puestos), que forman el antiguo barrio de San Galo.

En su origen era una gran plaza adosada a las murallas y dividida en el centro por un alargado pabellón donde había puestos de pequeños comercios.

El mercado fue uno de los barrios más prósperos de Praga. Fundado en el siglo XIII por comerciantes bávaros, trajeron hasta Praga reliquias del irlandés San Galo (siglo VI) que se veneraban en el monasterio suizo y fundaron su pequeña iglesia. Después de la batalla del Monte Blanco (siglo XVII), el arquitecto Dientzenhofer la reformó para los carmelitas y añadió el convento. Las esculturas de la fachada son de F. Brokoff. Las pinturas del interior son del bohemio Karel Škréta (1610-1674), pintor de casi todas las iglesias de Praga.

La tradición mercantil sigue en el mercadillo de la calle Havelská, el más animado de Praga, en los quioscos de baratijas de la calle del centro y en los comercios de antigüedades de Rytířská. Las tres calles desembocan en el mercado del carbón, Uhelný Trh, donde tenía una casa el matrimonio de músicos Dušek (**casa de los Tres Leones Dorados,** núm. 1), anfitriones de Mozart en sus estancias en Praga.

II C4
Calles Havelská, Kotcich, Rytířská
Můstek

◀ Teatro de los Estamentos.

▼ Mercadillo e iglesia de San Galo.

EN LAS PROXIMIDADES DEL PUENTE DE CARLOS

**❚ KARLUV MOST
(PUENTE DE CARLOS) (▶22)**   ★★★

**❚ MUZEUM BEDŘICHA SMETANY
(MUSEO DE FEDERICO SMETANA)**   ★

Junto al río, en una antigua torre de depósito de agua, reformada en el siglo XIX y cuya fachada está adornada de esgrafiados de František Ženišek y Mikoláš Aleš, se instaló en 1926 el museo del compositor Bedrich Smetana (1824-1888). En la explanada delantera hay una estatua del compositor que mira hacia el río Moldava (Josef Malejovský, 1984). Desde su vivienda, sobre el Café Slavia, frente al Teatro Nacional, Smetana solía pasear por esta orilla del río.

**❚ KŘIŽOVNICKE NÁMĚSTÍ
(PLAZA DE LOS CRUZADOS)**   ★★

La **iglesia de los Cruzados**, la **Torre del Puente de Carlos** y la **iglesia del Clementinum** forman una especie de antesala del puente, atravesada por tranvías y autobuses.

La barroca **iglesia de San Francisco,** de los Cruzados de la Estrella Roja, Křižovnický, la única orden de caballeros hospitalarios católica de Chequia, fundada en 1252 y a la que pertenecían los arzobispos de la diócesis, fue construida a mediados del siglo XVII por Jean B. Mathey.

En la cúpula central hay una pintura de W. L. Reiner *(El juicio final,* 1722) y en las alas laterales frescos realizados por Josef Navrátil en 1848.

● ● ● ● ● ● ● ● ●

🕐 II C3
✉ Novotného Lávka, 1
🌐 www.nm.cz
🕐 X-L:10-17 h. M cerrado
🚊 Malostranská; tranvía 17
💶 conómico. Menores de seis años: gratuito
♿ No accesible

● ● ● ● ● ● ● ● ●

🕐 II C3
✉ Křižovnická ulice
🕐 **Iglesia de San Francisco** (Abr-Nov: 10-18 h). Excepto durante las celebraciones de misa o conciertos
🚊 Staroměstská. Tranvías 17, 18, parada, Staroměstská

▼ Detalle de la estatua de Carlos IV en la Plaza de los Cruzados, donde se encuentra la iglesia de San Francisco.

En la esquina tiene una columna de San Wenceslao (Jan Bendl, 1676), patrocinada por los vinateros del país, que tras la Guerra de los Treinta Años se convirtió en un cultivo en auge.

En el centro de la plaza hay un **monumento a Carlos IV** (Ernst Hähnel, 1848) con alegorías de las cuatro facultades de la Universidad en el pedestal. Se construyó con motivo del 500º aniversario de la fundación de la Universidad Carolina.

▌ CLEMENTINUM ✱✱

Para combatir la reforma de la iglesia predicada por Jan Hus en Bohemia y por los protestantes en Alemania, el Habsburgo Fernando I llamó a los jesuitas en 1556 y les cedió el antiguo convento dominico de San Clemente, arrasado por los husitas en 1421.

El Clementinum fue construyéndose en sucesivas etapas hasta ocupar, 150 años después, 2 ha de terreno. Cuando José II expulsó a los jesuitas de Bohemia, en 1773, se quedó como seminario arzobispal y biblioteca nacional. Durante la ocupación nazi fue destruido y reconstruido después.

Se puede visitar la torre astronómica, el observatorio meteorológico más antiguo del mundo, pues recoge valores desde 1775; la capilla de los espejos y la biblioteca barroca, construida en el siglo XVIII por K. I. Dientzenhofer.

🕐 II C3
✉ Entradas por Křižovnická ulice, Karlova Ulice y nám. Mariánské
🌐 www.klementinum.com
🕐 Mediados de mar-mediados de oct:10-18 h. Mediados de oct-mediados de dic: 10-17h. Mediados de dic-mediados de mar: 10-18 h. La visita guiada incluye la torre astronómica, la biblioteca barroca y la capilla de los espejos. Tours en inglés
🚇 Staroměstská
💶 Caro. Menores de seis años: gratuito
♿ Limitado en algunas zonas

▌ BETLÉMSKÁ KAPLE (CAPILLA DE BELÉN) ✱

La iglesia original data de 1341 y en el atrio se hallaba el cementerio de profesores de la Universidad Carolina. El interior era un salón para 3.000 personas.

Entre 1402 y 1412 predicó y vivió en ella Jan Hus, profesor de la Universidad, y desde el púlpito proclamó sus ideas contra la iglesia de Roma. En el siglo XVII la compraron los jesuitas y la convirtieron en iglesia católica. Cuando la Compañía fue expulsada de Chequia por José II, se usó como almacén de chatarra y en el siglo XX, se edificó sobre ella. En 1950 el presidente comunista Gottwald quiso resucitar "la tradición checa y socialista" del templo y lo reconstruyó. En el primer piso se rehizo la casa de Jan Hus y se muestra su historia en una exposición.

🕐 II C4
✉ Betlémské Nam
🕐 Abr-oct: 10-19 h. Nov-mar: 10-18 h
🌐 www.bethlehemchapel.eu/
🚇 Národní Třída
💶 Económico.
♿ Capilla: Accesible. Museo en la primera planta: no.

▌ NÁPRSTKOVO MUZEUM (MUSEO ETNOLÓGICO NÁPRSTEK) ✱

El Museo de Etnología lleva el nombre de su fundador, el etnólogo checo Votja Náprstek que lo instaló en la fábrica de cerveza que tenía su familia. Se conservan colecciones etnológicas de los cinco continentes.

🕐 II C3
✉ Betlémské nám, 1
🌐 www.nm.cz
🕐 M-D: 10-18 h. X: 9-18 h
🚇 Národní Třída. Tranvías: 6, 9, 18, 22, 23
💶 Económico. Menores de seis años: gratuito.
♿ Accesible

LO QUE HAY QUE SABER

Si solo puede estar unos días en Praga y quiere disfrutar y conocer realmente la ciudad, aquí tiene algunas ideas.

❚ 7 Formas de parecer praguense

✓ Apréndase de memoria un vocabulario básico y úselo, ganará en amabilidad y sonrisas. A continuación esboce un: "¿habla usted español?" (*Mluvíte španélský?*)

✓ Sálgase del circuito turístico. Por ciertas calles resulta imposible caminar sin ser asaltado por buscavidas, vendedores…

✓ Aprecie las características estéticas más peculiares de Chequia: el estilo cubista y el modernista de la Secesión Vienesa, y el arte contemporáneo.

✓ Compre cristal, granates y licores de Bohemia.

✓ Busque en el parque Letna el punto desde el que salen ocho puentes en la foto.

✓ Pase la tarde en una *kavárna* tomando un café y leyendo el periódico.

✓ Pida en un restaurante autóctono un buen plato de *vepřo-knedlo-zelo*.

❚ 10 Museos atípicos

✓ **Taller-Galería del fotógrafo Josef Sudek.** Uezd, 30. Malá Strana-Ujedz. www.sudek-atelier.cz M-D: 12-18 h. Tranvía 22.

✓ **Galería del fotógrafo Jan Saudek.** Celetná, 9. saudekgallery.cz. 10-20 h.

✓ **Habitación azul del músico Jaroslav Ježek.** Kapróva, 10. M:13-18 h. www.nm.cz

✓ **Coffee museum Alchymista.** Jana Zajíce 7. www.galeriescarabeus. cz. M-V: 12-18 h. S-D y festivos: 11-18 h.

✓ **Museo Lego.** Národní, 31; 10-20 h. www.muzeumlega.cz/en

✓ **Choco Story Praga.** Celetná, 10. www.chocostory-praha.cz. 9.30-19 h.

✓ **Villa Müller (Adolf Loos, 1930).** Nad Hradním vodojemem, 14. (Desde el metro Hradčanská, tranvías 1, 18, parada Ořechovka). www.muzeumprahy.cz. Visitas previa reserva: M, J, S y D: 9-18 h.

✓ **Madame Tussauds Praga.** Celetná, 6 (personajes famosos, Praga mágica, historia…). www.madametussaudsprague.cz. 10-21 h.

✓ **Museo de la Tortura Medieval.** Křižovnické nám., 1 (Puente de Carlos). www.museumtortury.cz/en. 10-20 h.

✓ **Museo de Máquinas del Sexo.** Melantrichova, 18. www.sexmachines-museum.com.10-23 h. No se permite la entrada a menores de 18 años.

❚ 10 Edificios cubistas en Praga

✓ **Casa de la Virgen Negra.** Ovocný trh, 19. Josef Gočar, 1912

✓ **Villa Kovařovic.** Libušina, 3. Josef Chochol, 1913

✓ **Casa de viviendas.** Neklanova, 30. Josef Chochol, 1914.

✓ **Villa tri-familiar bajo el Výšehrad.** Junto al río. Rašinovo Nabřeži, 6, Josef Chochol, 1913.

✓ **Casa Diamante.** Spálena, 4. Matěj Blecha, 1913.

✓ **Edificio de la cooperativa de viviendas.** Elišky Krásnohorské, 10. Otakar Novotný, 1919.

✓ **Antiguo Banco de las Legiones** (hoy Banco Nacional). Josef Gočar, 1921.

✓ **Palacio Adria.** Jungmannova, 31. Pavel Janák y Josef Zasche, 1922.

✓ **Casa Familiar.** Na Lysinách, 2. Praga-Hodkovičky, Pavel janak, 1922.

✓ **Mozarteum,** Jungamnnova 31, Jan Kotěra, 1912.

❚ 8 Buenos lugares para comer

✓ **Kavárna Obecní dům (C).** Náměstí Republiky, 5. www.kavarnaod.cz. La cocina está a la altura del hermoso edificio Art Nouveau en el que se ubica.

✓ **Palffy Palác (C).** Valdštejnká, 14. www.palffyhopalac.sk. En el inmejorable marco de un palacio barroco con vistas a los jardines aterrazados de Malá Strana. Con una carta a la altura de su ubicación.

✓ **La Degustation (C).** Haštalská 18. www.ladegustation.cz/en. Tiene una estrella Michelín.

✓ **Kampa Park (C).** Na Kampě, 8. www.kampagroup.com/en/restaurants/kampa-park. Magnífico restaurante cerca del puente de Carlos, en la isla.

✓ **V Zátiší (C).** Betlémské náměstí/Liliová, 1. www.vzatisi.cz/en. Sofisticada y moderna cocina bohemia y experimental, con cocineros-estrella.

✓ **Bellevue (C).** Smetanovo nabr. 18. www.bellevuerestaurant.cz/en

✓ **El Centro (M).** Malteské Náměsti 9. www.elcentro.cz. Cocina española.

▮ 10 Miradores panorámicos

✓ **Torre de Televisión.** Mahlerovy sady 1. www.towerpark.cz. 9-24 h. Adornada con bebés rampantes (David Černy, 2000), a 93 m de altura tiene plataformas panorámicas y un café restaurante.

✓ **Torre de Petřín.** Una réplica de la Torre Eiffel, con 299 escalones en la cima de la colina homónima. Nov-feb: 10-18 h. Mar y oct: 10-20 h. Abr-sep: 10-22 h.

✓ **Dique de Smetana (Smetanovo nábřeží).** Unos de los mejores lugares para contemplar el Puente de Carlos y el Castillo de Praga.

✓ **"Playa" en Na Kampé.** junto al restaurante Hergetova Cihelna, en la orilla de Malá Strana.

✓ **Torre del Ayuntamiento Viejo** (▶27).

✓ **Torres de la Catedral de San Vito** (▶24).

✓ **Torre de la Pólvora** (▶55).

✓ **Balcón de la Plaza del Castillo** (▶73).

✓ **Parque Letná**

✓ **Castillo Alto, Vyšehrad** (▶84).

▮ 10 Actividades

✓ **Pasear en barco.** Desde los tres puentes del centro salen barcos que hacen excursiones de todo tipo y duración por el río Moldava.

✓ **Hacer una excursión guiada en grupo en bici.** City Bike. Královdvorská, 5. www.citybike-prague.com

✓ **Dar un paseo en un automóvil de época.** *History Trip.* Los automóviles están aparcados en la Plaza Chica (Malé náměstí, junto al Ayuntamiento Viejo). Ofrecen varios tours por Praga de una hora en adelante. www.historytrip.cz.

✓ **Bañarse o hacer deporte acuático.** *O2 Žlaté Lázné.* Podolské Nabrezi. Detrás del Vyšehrad, en el muelle Podolsky, hay playa (de mayo a septiembre) y campos de deporte.

✓ **Šlechtovka, en Králóvská obora-Stromovka,** Lugar mágico y misterioso para relajarse, hacer deporte, una barbacoa o tumbarse en el césped y descansar.

✓ **Dar una vuelta con el tranvía histórico núm 41.** Potočkóva, 4. www.dpp.cz/en/. Finales de mar-mediados de nov: S-D y festivos: 12-17 h. La línea 23 ofrece desde 2017 un viaje a la nostalgia.

✓ **Moverse en Segway.** Hay varias empresas, esta es una de ellas: www.pujcovna-segway.cz/en

✓ **Tiskárna na Vzduchu,** en Stromovka, los domingos, bajo el lema 'Pista de baile veraniega' (Letní parket) hay clases de baile al aire libre gratuitas.

✓ **Ver una película en un cine de verano,** en Praga hay varias opciones como el situado en un bonito parque cerca de la radio checa en Karlín. www.kasarnakarlin.cz/en/summer-cinema.

✓ **Si prefiere hacer canoa,** en Troja hay un canal de slalom artificial. White Water Centre. Vodácká, 8. Telf. 283 850 477; www.vodackyareal.cz/en

LA CIUDAD NUEVA

❚ MUZEUM HAVNÍHO MĚSTA PRAHY
(MUSEO DE LA CIUDAD DE PRAGA)   *

Ocupa un edificio clasicista de 1898 y documenta la historia de la ciudad, con una gran maqueta realizada por el bedel de la Biblioteca Nacional, A. Langweil, que no debió aburrirse, que es lo que significa su apellido en alemán, pues, entre los años 1826-1837 empleó su tiempo en esta titánica obra de papel y madera (20 m^2).

❚ MUZEUM KOMUNISMU
(MUSEO DEL COMUNISMO)   *

Ofrece una visión de la vida en la era comunista de Checoslovaquia: política, historia, deportes, economía, educación, arte, propaganda en los medios, las milicias populares, el ejército, la policía, la censura y los tribunales y otros institutos de represión, incluidos los juicios y campos de trabajo político durante la era estalinista.

Se centra en particular en el régimen totalitario que gobernó el país desde el golpe de febrero en 1948 hasta la Revolución de Terciopelo en 1989.

🕐 III A2
✉ Na Poříči, 52
🔗 en.muzeumprahy.cz/main-building
🕐 M-D, 9-18 h; último X de mes hasta las 20 h
🚇 Florenc
💲 Moderado
♿ Accesible

🕐 II C4
✉ V Celnici, 4
🔗 muzeumkomunismu.cz/en/
🕐 9-20 h
🚇 Nám. Republiký
💲 Caro. Menores de 10 años: gratuito
♿ Accesible

◀ El Moldava cruzado por los puentes que tanto caracterizan a Praga.

▌ **NA PŘÍKOPĚ (CALLE DE LOS FOSOS)**　　******

En la parte baja de la Plaza de San Wenceslao, junto a la estación de metro de Můstek, confluyen la Avenida Nacional y Na Příkopě con el antiguo "Puentecillo" Můstek que salvaba la muralla y el foso. En este cruce, conocido como el "triángulo de oro" se encuentra el suelo más caro de Praga.

El barroco **Palacio Sylva-Taroucca** (núm. 10) fue construido en 1750 por Kilian Ignaz Dientzenhofer y su yerno Anselmo Lurago para el príncipe Ottavio Piccolomini, con grandiosas esculturas en la fachada obra de Ignaz Platzer "el Viejo". La **iglesia de la Santa Cruz** (*Kostel sv. Kříže*) fue construida en 1816.

El vecino **Palais Nostitzt**, barroco, fue reformado en los años del modernismo por Osvald Polívka para adaptarlo a un banco y solo queda del original uno de los portales laterales. Un puente sobre la calle Nekánzaka lo une al edificio contiguo modernista que data de la misma época.

Por la Calle de los Señores, **Panská ulice**, donde estaba el colegio de los escolapios en que estudió Rilke, se llega al **Museo de Alfons Mucha** (▶64). Merece la pena echar un vistazo al **Banco Živnostenka**, un edificio neorrenacentista de gran lujo

🕐 III A1
🚇 Desde la Plaza Wenceslao a la Torre de la Pólvora
🚋 Nám. Republiký, Můstek

interior. Junto a él, en el núm 21, tras la barroca fachada de la **Casa Eslovaca** (Slovanský dům), se abre un moderno pasaje comercial con cines.

I JINDRÍŠSKA VĚŽ (TORRE DE SAN ENRIQUE) ✱

La **iglesia de San Enrique** era la parroquia de la Plaza del Heno (Senovazné náměstí), una de las tres plazas de la Ciudad Nueva planificada por Carlos IV. El campanario de la iglesia se construyó separado, más que por un sentido de defensa, para buscar la perspectiva monumental a la calle Jindřlšská desde la Plaza Wenceslao. En estos terrenos tenía también su huerto de hierbas Angelo de Florencia, el farmacéutico de Carlos IV, y aún lo recuerda el nombre de la calle de las Rosas (Růžová).

La torre, construida a finales del siglo xv, es gótica y, con sus 66 m de altura, el campanario independiente más alto de Praga. Fruto de la reforma que tuvo lugar entre 2001 y 2002 en su décimo piso cuenta con un mirador, un restaurante, un museo y una galería.

I MUZEUM ALFONSE MUCHY (MUSEO DE ALFONS MUCHA) ✱

Alfons Mucha (1860-1939), mundialmente famoso por sus carteles modernistas, diseñó también sellos, billetes, vidrieras, mosaicos… A pesar de su talento, no fue admitido en la Escuela de Bellas Artes de Praga, por lo que tuvo que trabajar de conserje. Viviendo de sus pinturas y retratos, viajó por Austria.

Bajo el mecenazgo del conde austriaco, Khün Belasi, estudió en la Academia de Arte de Múnich y en París, donde fue descubierto por Sarah Bernhardt, que se quedó prendada del cartel anunciando su *Gismonda* en 1894 y lo convirtió en su cartelista.

El estilo Mucha fue el símbolo del parisino *Art nouveau*. Entre 1904 y 1910 vivió en Estados Unidos y después regresó a Praga donde murió. Está enterrado en el cementerio de Výšehrad.

I CHRÁM PÁNNY MARIE SNĚŽNÉ (IGLESIA DE SANTA MARÍA DE LAS NIEVES) ✱

La plaza de Josef Jungmann (1773-1847), está dedicada al profesor que sistematizó el checo moderno y tiene en ella su monumento (L. Šimek, 1878). Detrás de la estatua, por la puerta del **Instituto Austriaco de Cultura,** donde hay interesantes exposiciones, se accede al atrio de **Santa María de las Nieves.**

Jindríšska Ulice
Nov-mar: 10-18 h.
Abr-oct: 10-19 h
Náměstí Republiký.
Tranvía 14
Moderado
Accesible
Zvonice (C). www. restaurantzvonice.cz.
Diario 11.30-24 h. Vista panorámica desde pisos 7-9
Café: En el primer piso y en la planta baja, recepción y tienda de "curiosidades"

II C4.
Panská 7, Praga 1
www.mucha.cz
10-18 h
Můstek
Moderado-caro
Accesible

II D4
Jungmannovo náměstí, 18
pms.ofm.cz
9-18 h
Můstek
Accesible

La iglesia, pensada por Carlos IV como catedral de su Ciudad Nueva, no se continuó por dificultades económicas y del siglo XIV solo se conserva el presbiterio. Su interior se completó en el barroco tardío del siglo XVIII. Por el atrio se accede a unos recogidos jardines con un pabellón-tienda de objetos esotéricos.

▌ VÁCLAVSKÉ NÁMFSTÍ (PLAZA DE WENCESLAO) (▶31) ★★★

▌ STÁTNÍ OPERA (ÓPERA ESTATAL) ★★

El Teatro de la Ópera Estatal fue construido por dos vieneses, maestros en el arte de hacer pomposos teatros para la monarquía austrohúngara (F. Fellner y H. Hellmer, 1886-88). Se llamó Teatro Alemán porque estaba destinado a los praguenses alemanes y fue inaugurado con *Los maestros cantores* de Wagner. Desde 1950 lleva el nombre de Smetana.

- III B1
- Wilsonóva, 4
- www.opera.cz
- Muzeum
- Cerrada las temporadas 2017/2018 y 2018/2019 por obras. Parte de su repertorio se escenificará en el Teatro musical de Karlín y en el Teatro Nacional

▌ NÁRODNÍ MUZEUM (MUSEO NACIONAL. EDIFICIO HISTÓRICO) ★

El Museo Nacional ya existía a principios del siglo XIX, pero no tenía edificio propio, sino que estaba alojado en un palacio del Foso. La necesidad de un edificio emblemático que honrara los símbolos de la nación era inminente y, por fin, Josef Schulz lo construyó en 1885-90, sobre la antigua puerta del Mercado de Caballos, con la pompa estética de los edificios de la corte vienesa.

La fachada de 100 m está adornada con personificaciones geográficas nacionales (Bohemia, el Elba, el Moldava) y bajo la cúpula de 70 m se aloja un

- II D4
- Vinohradská,1
- www.nm.cz
- 10-18 h. Primer X de mes: 10-20 h. Resto de X: 9-18 h
- Muzeum
- Moderado
- Accesible

▼ Ópera Estatal.

▲ El edificio histórico de Museo Nacional.

panteón de glorias nacionales con más de 50 bustos y pinturas murales de la mitología nacional.

Desde 2011 hasta 2018 ha sufrido un enorme proceso de reforma. Con la llegada del **nuevo edificio del Museo Nacional**, este pasa a conocerse como edificio histórico.

❘ NÁRODNÍ MUZEUM (MUSEO NACIONAL. NUEVA SEDE) ✳

Situado en la parte alta de la Plaza de Wenceslao, el nuevo edificio del Museo Nacional es una atractiva muestra de arquitectura contemporánea.

Anteriormente fue sede de la Asamblea Federal, y entre 1994–2002, de Radio Libertad Europa. En la actualidad se organizan exposiciones temporales, además de conferencias y seminarios.

- II D4
- Václavské náměstí, 68
- Cerrado por reformas desde 2011 hasta noviembre de 2018
- www.nm.cz
- Muzeum

❘ NÁRODNÍ DIVADLO (TEATRO NACIONAL) ✳

En 1868 se empezó a construir el **Teatro Nacional** frente al Puente de las Legiones, bajo la dirección de Josef Zitek y financiado por suscripción pública, como recuerda una frase sobre el escenario: "Del pueblo para sí mismo".

- II D3
- Národný, 2
- www.narodni-divadlo.cz/en
- Prague City Tourism con visitas guiadas S y D
- Národní Trída
- Moderado
- Accesible

◄ Interior del Museo Nacional (edificio histórico).

Las esculturas de la fachada son obra de Myslbek y Bohuslav Schnirch, los murales del interior de František Ženíšek, Mikoláš Aleš y Vojtěch Hynais. En 1881 ardió el escenario y se encargó de la reconstrucción a Josef Schulz. El teatro se inauguró en 1883 con la ópera *Libuše,* que el compositor Bedřich Smetana, ya sordo, tenía preparada desde hacía seis años para la ocasión.

En 1983 se hizo el anexo de la Nueva Escena, en el que los arquitectos Karel Prager y Stanisvlav Libenský colaboraron con artistas del vidrio para lograr las sucesivas capas de aislamiento acústico y los reflejos quebrados de la fachada.

I KARLOVO NÁMĚSTÍ (PLAZA DE CARLOS IV) ★★

Con su medio kilómetro largo de longitud y sus 150 m de ancho, es un auténtico parque urbano.

Planificada por Carlos IV como mercado de ganado de la Ciudad Nueva, del siglo XIV apenas quedan restos en el **Ayuntamiento.** Posteriormente se construyeron la **iglesia de San Ignacio** con el colegio de los jesuitas y la llamada **casa de Fausto.** La apariencia actual de la plaza data de la urbanización del siglo XIX.

En la esquina de la plaza con la calle Jungmannová está el Ayuntamiento de la Ciudad Nueva reformado sin tacto a través de los siglos, que solo queda del edificio original el sótano y la entrada. En 1419 fue escenario de la primera defenestración de Praga.

La iglesia de San Ignacio fue construida como bastión principal de los jesuitas en Praga en 1665 por los arquitectos Giovanni Orsi y Carlo Lurago, siguiendo el modelo de Il Gesù, la iglesia jesuita de Roma. Tras la expulsión de la Compañía de Jesús en 1773, la iglesia se transformó en hospital.

I B1-2
Ciudad Nueva
Karlovo nám.
Tranvías 14, 10, 22
U Cizku. Karlovo nám. 34
www.ucizku.cz

Por el barrio del Castillo y calle del Nuevo Mundo

Distancia
2 km

Tiempo necesario
45 minutos sin paradas

Punto de partida/llegada
Plaza del Castillo

Restaurantes
U Zlaté Hrusky (La Pera de Oro) (C). Novy Svft, 3.
restaurantuzlatehrusky.cz.
Terraza ajardinada

Loreto (▶81)
Monasterio
de Strahov (▶30)
Galeríe Gambra.
Cerninská, 5. gambra.jex.
cz. S-D: 12-17.30 h

▌ Desde el extremo de la plaza, opuesto a la verja del castillo, se toma la calle Loretánská. Si va hasta el final de la calle, en la Plaza Pohořelec encontrará la entrada al **Monasterio de Strahov**.

La calle Loreta deja a la izquierda la **Plaza Loreta**, a la derecha descubrirá el **Monasterio de Loreto** y a la izquierda el **Palacio Cernin**. En primer plano se levanta una estatua del presidente Beneš (1935-1948).

▌ El **Palacio Cernin**, actual Ministerio de Asuntos Exteriores, tiene fama de "edificio maldito". Su leyenda negra se origina cuando en estos desmontes traseros del castillo, Dragomira ahorcó en el 911 a su suegra Santa Ludmila con su propio velo. Hasta la Revolución de Terciopelo fue escenario de diversas intrigas políticas.

En el extremo sur de la Plaza Loreta está el **Convento de los Capuchinos**. Bajando por la calle Cerninská se halla la **Galería Gambra**, que expone obras surrealistas de pintores checos.

▌ Siga por la **calle del Nuevo Mundo**, cuyo nombre se debe a que en tiempos del descubrimiento de América se construyeron estas modestas casas. En el número 2 vivió el alquimista danés Tycho Brahe y se alojó su joven alumno Johannes Kepler. El número 25 fue la casa de los Ondricek, familia de 14 violinistas.

Siguiendo por la calle Kanovinská se llega a la **iglesia de San Juan Nepomuceno** y la **Plaza del Castillo**, pasando por el Palacio Martinic.

▼ Puente de Carlos con la Catedral de San Vito, al fondo.

I MUZEUM ANTONÍNA DVOŘÁKA
(MUSEO DE ANTONIN DVOŘÁK) ✱

El palacete barroco **Villa Amerika** debe su nombre a una posada sobre el que fue construido como residencia de verano de la noble familia Michna, por Kilian Ignaz Dientzenhofer en 1720 y adornado con esculturas de Matthias Bernhard Braun. Presenta documentación sobre la vida y obra del compositor y un saloncito para conciertos en el piso superior.

EL BARRIO DEL CASTILLO DE PRAGA

I KATEDRÁLA SVATÉHO VÍTA
(CATEDRAL DE SAN VITO) (▶24) ✱✱✱

I KRÁLOVSKÁ ZAHRADA
(JARDINES REALES DEL CASTILLO) ✱✱

Desde la entrada al primer patio del Castillo o desde el segundo patio se accede por la derecha al Parque del Castillo y hacia el **Puente de la Pólvora,** que atraviesa el **Foso de los Ciervos.** Entre los edificios de este gran parque destacan el **palacete de Verano de la reina Ana,** mal llamado Belvedere, que es el mejor edificio renacentista de Praga. Rodeado de gráciles arcadas y con tejado de cobre, fue construido en 1534 por el italiano Paolo della Stella. Reconstruido en el siglo XIX, hoy es una galería de exposiciones temporales.

Delante del palacete está la **Fuente Cantarina** (F. Terzio, 1564-1568), en la que varios *putti* o angelotes orinan sobre la pila central creando con sus chorritos de agua un melodioso repicar.

I PRAŽSKÝ HRAD (CASTILLO DE PRAGA) ✱✱✱

En un monte a 70 m de altura sobre el Moldava se levanta el gran recinto amurallado del Castillo de Praga, escenario histórico de Bohemia desde el siglo IX y de cuando Carlos IV (1316-1378) y Rodolfo II (1576-1612) establecieron aquí su corte, también del Imperio Alemán.

El primero inició las obras más importantes, el segundo creó el aura mágica del recinto invitando a innumerables alquimistas, astrólogos y embaucadores a establecerse en él. La fila de edificios que se ve desde la ciudad es de la época de la emperatriz Maria Teresa, que en el siglo XVIII encargó a su arquitecto Pacasi que uniformara el conjunto según la norma estética del barroco vienés. Su hijo, José II, lo convirtió en un cuartel.

En 1918 se fundó la República Checoslovaca y su primer presidente, Tomáš Garrigue Masarik, encargó

• • • • • • • •

🕐 II C3
✉ Ke Karlovu, 20; Praga, 2
🌐 www.nm.cz
🕐 M-D: 10-13.30 h y 14-17 h
🚋 Karlovo Nám.; tranvías 22 y 10, parada Karlovo Náměstí
💶 Económico. Menores de seis años: gratuito
♿ No accesible
🍴 U kalicha
   ✉ Na Bojišti, 12
   🌐 www.ukalicha.cz
   ℹ La taberna del Cáliz donde Jaroslav Hasek centra la acción de *El buen Soldado Svejk*

• • • • • • • •

🕐 II A2-B2
✉ Pražský hrad
🌐 www.hrad.cz/en/prague-castle-for-visitors/gardens
🕐 10-18 h
🚋 22, 23, parada Pražský Hrad
💶 Gratuito
♿ Accesible

- II B2
- Hradčany
- Acceso a la zona: 6-22 h
  Cambios de guardia a las
  horas en punto entre
  9 h y 18 h. A las 12 h
  con fanfarria y cambio
  de estandartes
  Museos a diario de 9 h
  a 17 h (de oct a mar:
  hasta las 16 h).
  Jardines de 10 h a 18 h
- www.hrad.cz
- 22, 23, parada Pražský Hrad
- Moderado-caro. Dispone
  de varios circuitos y de la
  posibilidad de entrar en
  varias estancias de forma
  individual. Entrada, válida
  durante dos días
- Accesible excepto en las
  torres (Daliborka, Blanca,
  lde la Pólvora y sur de
  la Catedral) y el pasillo
  defensivo en el Callejón
  del Oro
- En el recinto

al arquitecto Jozě Plenič que ennobleciera el recinto en el que se estableció desde entonces la Presidencia del Estado.

Es un gran recinto amurallado formado por más de 60 edificios repartidos en tres patios y una entrada monumental. Es uno de los lugares más visitados de la ciudad.

En el primer patio se halla la Capilla Barroca de la Santa Cruz (Lurago, siglo XVIII). A la izquierda, en la **Pinacoteca** se exponen algunos cuadros de la colección de los Habsburgos (siglos XVI y XVII), mermada en sucesivas guerras, incendios y saqueos, pero con obras de pintores barrocos italianos y flamencos como Bassano, Tiziano, Veronese, Rubens o Tintoretto. Por el pasadizo situado junto a la galería se accede al **Puente de la Pólvora** y a los **jardines del Castillo**.

En el segundo patio hay un centro de información y se levanta la **Catedral de San Vito** (▶24). A la izquierda del templo, por la calleja de los Vicarios, se accede a la **Torre de la Pólvora Mihulka** (*Prašná věž Mihulka),* una torre cañonera adosada a las murallas (Benedikt Ried, 1500), que casi no tuvo papel defensivo. En ella se instaló la fundición de bronce de Tomáš Jaroš, donde se produjeron los metales del recinto: la **campana Segismundo** de la catedral, la **estatua de San Jorge** y la fuente cantarina del Belvedere de los jardines. Rodolfo II la destinó a laboratorio de alquimia y a observatorio donde sus astrólogos preparaban sus horóscopos.

A la derecha de la catedral se halla el **Palacio Real Viejo,** construido entre los siglos IX y XVI, como residencia de los reyes bohemios y de la presidencia de la República. Lo más importante del palacio es la **sala Vladislav** (Benedikt Ried, 1502), cubierta por una bóveda de estrella de 13 m de altura que deja un espacio abierto de 62 x 16 m con ventanales de 5 m. En ella se celebraban fiestas, mercados de arte e incluso ballets ecuestres.

En tiempos de Rodolfo II, era también la sala de espera para las audiencias reales, que a veces podían durar meses. Por un pórtico renacentista se accede a la palestra de la **capilla de Todos los Santos**, construida en estilo gótico por Peter Parler y reformada en estilo renacentista en 1570. Una urna barroca guarda los restos de San Procopio, primer obispo de Praga.

Junto a la sala Vladislav hay dos salas construidas por Benedikt Ried para celebrar consejos del reino en ausencia del rey. Por una ventana de la segunda tuvo lugar la Defenestración de Praga del 23 de mayo de 1618. Tres consejeros reales, católicos e hispano-italianos, fueron arrojados por la ventana por nobles checos protestantes. Cayeron sobre un basurero y fueron recogidos por Polixena de Lobkowitz, que impidió su linchamiento y los ayudó a huir disfrazados. El incidente quedó vengado en la batalla del Monte Blanco (1620). En el segundo piso está la sala del consejo del soberano Rodolfo II, donde tuvo lugar el juicio que en 1621, tras la batalla del Monte Blanco, condenó a muerte a 27 protestantes checos.

Del antiguo Palacio Real se sale por la escalera de los caballeros, que servía de entrada a los jinetes que luchaban en los torneos de la sala Vladislav. En el tercer patio están la **Basílica** y el **Monasterio de**

▼ Detalle de la Puerta de Matías, entrada al castillo.

▲ Callejón del Oro.

San Jorge. La iglesia fue construida en el 921 por Bratislav I y aquí está enterrada su esposa Santa Ludmila (a la que su nuera Dragomira estranguló con un velo). En el 974, una hermana de Boleslav II, Mlada, fundó el primer convento de Bohemia, con monjas benedictinas, cuya abadesa tenía el privilegio de imponer la corona a las reinas. En la **capilla de Santa Ana** se conserva un sarcófago con los restos de la fundadora del convento.

En la calle de San Jorge, que baja desde este patio hasta la salida del castillo se abre el acceso al famoso **"Callejón del Oro"**, Zlatá Ulizčá.

En tiempos de Rodolfo II estas eran las viviendas de los criados, soldados y algunos orfebres que dieron nombre a la calle.

En el siglo XIX, artesanos y artistas se vinieron a vivir aquí alimentando esta tradición. Las condiciones higiénicas eran desastrosas y como el desorden y el ruido molestaban la plácida y retirada vida de las monjas del convento, las casitas fueron derribadas y reconstruidas poco después como negocios turísticos. La única que conserva su construcción original es la casa núm. 13. La núm. 22 fue alquilada por Otla Kafka y en ella escribió su hermano Franz en 1917 su libro *Un médico rural*.

En el 12 vivió el escritor Jiří Maršanek. En su novela *El golem* cuenta que en el 14 vivía hacia 1930 una pitonisa, Madame de Thebas, que predijo la caída de los nazis y fue asesinada por la Gestapo. Por la escalera contigua a la última casa se accede al primer piso de la Torre Blanca, una fortificación que ahora es una tienda de curiosidades y antiguallas.

En la calle de San Jorge hay un museo privado: el **Museo Lobkowitz**, que muestra la colección de pintura de la familia. A la salida del castillo está la **Torre Daliborka,** construida como prisión en 1496. Su preso más célebre fue el caballero Dalibor, que tocaba tan bien el violín que congregaba a gran número de oyentes al pie de la torre.

Smetana le dedicó una ópera. Desde la torre se accede a la escalera antigua (Staré Zamecké schody) que conduce directamente a la estación de metro Malostranská.

I ŠTERNBERSKÝ PALÁC (PALACIO STERNBERG) ★★★

El palacio Sternberg (Alliprandi, 1700) alberga la colección de pintura de los siglos XIV-XVIII de la **Galería Nacional** con representantes de las escuelas alemana, italiana y flamenca.

Destacan *La fiesta del Rosario,* pintado por Durero en Venecia en 1506 y *La Virgen con San Lucas,* de Jan Gossaert. Así como las obras de Cranach, El Greco, Goya, Franz Hals, Rembrandt, Rubens y Tintoretto, y la colección de iconos y pintura italiana del siglo XIV. Es una de las sedes de la **Galería Nacional** –junto al Monasterio de Sta. Inés de Bohemia y los palacios Schwarzenberský, Salmovský, de exposiciones y Kinský.

II B1
Hradčanské náměstí, 15
www.ngprague.cz
M-D:10-18 h
22, 23, parada Pražský hrad
Moderado. Menores de 18 años y estudiantes menores de 26 años: gratuito
No accesible

I PRAŽKÝ HRADČANSKÉ NÁMĚSTÍ (PLAZA DE LA CIUDAD DEL CASTILLO. HRADCANY) ★★★

Las escaleras que suben desde la calle Nerudova desembocan en un mirador que hay en la Plaza del Castillo, donde se encuentra la puerta de entrada al primer patio, con una reja flanqueada por dos colosos (Ignaz Platzer, 1912) que representan la Paz y la Guerra. Bajo ellos, los soldados de la guardia se relevan cada hora y a mediodía. La plaza ha conservado su trazado medieval, pero los edificios son posteriores. Después de un incendio, que la asoló en 1541, los nobles empezaron a construir palacios junto al castillo, sobre todo tras la victoria del Monte Blanco, cuando se requisaron las propiedades de los nobles bohemios.

En el centro hay una **columna de la Peste** (Brokoff, 1726) levantada a la Virgen en agradecimiento por el final de la peste y un farol de iluminación a gas del siglo XIX.

En el lateral sur se levanta el **Palacio Schwarzenberg** con fachada esgrafiada en negro. Es una de las sedes de la **Galería Nacional** –junto al Monasterio de Sta. Inés de Bohemia y los palacios de

II B1
barrio del castillo
Malostranská

▼ Torre Milhuca.

▲▼ Museo Franz Kafka. Abajo, estatuas en la fuente de la entrada del artista David Cerný.

● ● ● ● ● ● ● ● ●
🔲 II C4
📍 Cihelná, 2b
🕐 L-D: 10-18 h
🌐 www.kafkamuseum.cz/
Ⓜ Malostranská
💰 Moderado
♿ Accesible

exposiciones, Salmovský, Šternberský y Kinský– y se centra en arte renacentista, manierista y barroco checo. El edificio contiguo es la embajada de Suiza desde su reconstrucción en el siglo XIX. A sus pies está la estatua de Masaryk, fundador de la República Checoslovaca en 1918.

Justo enfrente se levanta el **Palacio Arzobispal** construido en 1674 por Jean Baptiste Mathey, con fachada rococó de J. Wirch. Por el pasadizo lateral se llega al **Palacio Sternberg** (▶73).

En este lateral también se encuentra el restaurado **Palacio Martinitz** y, al lado, en el núm. 9, la casa en la que vivió Peter Parler, el arquitecto de Carlos IV.

MALÁ STRANA

❙ FRANZ KAFKA MUSEUM　✳

Este museo está dedicado a la vida y obra de este autor, uno de los personajes más célebres de la ciudad de Praga y uno de los escritores más influyentes de la literatura moderna. Justo a la entrada del museo hay una fuente con dos **estatuas** masculinas que no dejan indiferente y obra del artista praguense David Cerný.

El museo data de 2005 y se divide en dos espacios: la sala "Espacio Existencial", que documenta el ambiente de Praga en el que Kafka vivió y una segunda sala, "Topografía Imaginaria", que es la metáfora literaria de la ciudad.

MUZEUM KAMPA-SOVOVY MLÝNY
(MUSEO DE KAMPA EN EL MOLINO SOVA) ★★★

Museo de arte checo del siglo xx. Reabierto en 2003 tras la reconstrucción del molino del siglo xiv de Meda Mládova, viuda del coleccionista checo exiliado durante los años del comunismo.

El museo presenta una colección única de arte contemporáneo centroeuropeo (Otto Gutfreund y František Kupka, entre otros), y obras de la época comunista.

- II C3
- U Sovových Mlýnů, 2
- L-D: 10-18 h
- www.museumkampa.cz/en/
- 12, 22, parada Újezd
- Moderado. Menores de seis años: gratuito
- Accesible

ČESKÉ MUZEUM HUDBY
(MUSEO CHECO DE MÚSICA) ★★

En un palacio barroco del siglo xvii se exponen instrumentos de hasta cinco siglos de antigüedad, especialmente instrumentos de teclado e interesantes documentos, como una partitura original de Mozart. Son curiosas las guitarras eléctricas de la época socialista.

- II C2
- Karmelitská, 2/4
- www.nm.cz
- 10-18 h. M: cerrado
- 12, 15, 20, 22 o 23, parada Hellichova
- Económico. Menores de seis años: gratuito
- Accesible

MALTÉZSKÉ NÁMĚSTÍ
(PLAZA DE LOS MALTESES) (▶82) ★★

KOSTEL PANNY MARIE VITĚZNÉ - PRAŽSKÉ JEZULÁTKO (IGLESIA DE SANTA MARÍA DE LA VICTORIA. NIÑO JESÚS DE PRAGA) ★★

Situada en la calle de los Carmelitas, la iglesia de Santa María de la Victoria fue en su origen un templo protestante construido en 1612, que, tras la batalla del Monte Blanco, fue transformado en una iglesia

▲ Museo Kampa, en el Molino de Sova.

GASTRONOMÍA

La gastronomía checa tiene una fuerte influencia de los países vecinos; Hungría, Austria y Alemania. Es una cocina campesina y fuerte, basada en los ingredientes típicos del país: cereales, legumbres, patatas y carnes.

▌La cocina checa

Las sopas pueden ser ligeras o espesas, como la de patatas *(bramboračka)*, de gulás o de callos.

Las carnes son fundamentales y el plato nacional es el cerdo asado con pasta y col *(vepřová pečeně s knedlíky a se zelím,* coloquialmente *vepřo-knedlo-zelo)*, sea con col encurtida al estilo del chucrut, sea con col dulce, como se toma en Moravia. Sin embargo, los platos más suculentos son los de caza, como la pata de corzo asada *(pečená srnčí kýta)* o gulás de ciervo *(jelení guláš)*. Tiene renombre el jamón de Praga *(pražská šunka)*.

También son frecuentes los platos con animales de corral, como el puré de patatas con filetes de pollo *(bramborova kase s rizkem)* y el pato o el ganso asado con col, conejo al ajillo *(králík na česneku)* o con salsa de nata *(králík se smetanovou omáčkou)*.

El pescado es raro y casi siempre de piscifactoría: truchas y carpas que se comen por navidad.

El queso se suele comer rebozado y frito, bien sea el queso duro *(smažený sýr)* o el queso hermelin, tipo camembert *(smažený hermelín)*.

Entre los postres destacan el pastel de cuajada *(tvarohovy moucnik)* y los *(palačinka)*, una especie de crepes que se comen untados normalmente de mermelada y acompañados de requesón, nata y helado.

En los puestos de salchichas se suele pedir *(klobása)*, salchicha asada, y *(chlebíčky)*, bocadillos de jamón, queso, mayonesa y huevo.

▼ Dulce típico de la ciudad.

◀ Tomando un aperitivo al aire libre.

Los vinos

En Chequia hay tradición vinatera desde los tiempos de San Wenceslao (siglo X), que plantó las viñas del norte de Bohemia (Mělník) y las hoy desaparecidas del barrio de Praga Vinohrady, que aún conserva el nombre, y con cuyos impuestos, por ejemplo, se pagó la construcción del Ayuntamiento Viejo en 1338.

Las dos principales regiones vinateras de Chequia son el norte de Bohemia, de donde proceden los vinos de Mělník y Litoměřice (cepas Pinot y Chardonnay) y el sur de Moravia (entre Brno y las fronteras de Austria y Eslovaquia), la región mas soleada de Chequia, donde se producen vinos tintos y moscateles de Mikulov y Znojmo, cuyas cepas más comunes son Riesling, Grüner Veltliner y Müller Thurgau.

La cerveza

La República Checa consume unos 160 l anuales de cerveza por gaznate, convirtiéndose en el mayor consumidor mundial de cerveza. La cerveza es considerada la bebida nacional y en el mercado se encuentran cerca de 500 tipos distintos. Las marcas checas más conocidas son: Gambrinus, Pilsner Urquell, Radegast, Staropramen, Krusovice, Budvar (Budweiser)… Las que gozan de más prestigio son las cervezas *"lager"* o almacenadas en su última fase de fermentación; pero la variedad es increíble: cerveza de café, de cereza, de vainilla que se suele tomar en Adviento…

En las cervecerías solo se sirve la cerveza que hay en el cartel de la entrada y, normalmente, en jarras de medio litro, si se desea un vaso más pequeño (0,33 l) hay que pedirlo: *malé pivo*. Las buenas cervecerías prestan atención a la graduación alcohólica. Lo normal es que sirvan cerveza de 10 grados *(desítka);* si se desea más fuerte (12 grados), hay que pedirlo expresamente: *dvanáctka*. En cuanto se posa un vaso vacío en la mesa, el camarero deja inmediatamente otro lleno y apunta una rayita en el posavasos para llevar la cuenta.

▲ Jarra de cerveza "lager".

- Ⓞ II B3
- ✉ Karmelitská, 9
- 🌐 www.pragjesu.cz/es/
- Ⓞ Iglesia: 8.30-19 h. D: hasta 20 h. Museo: L-S: 9.30-17 h y D: 13-18 h. S a las 17 h: misa en español
- 🚋 Malostranská; Tranvías 12, 15, 20, 22, 23, parada Hellichova
- 🎫 Gratuito
- ♿ No accesible

católica gracias a la subvención del general valenciano Baltasar de Marradas, de la Orden de Malta.

En el templo se venera el famosísimo **Niño Jesús de Praga,** que también cuenta con un museo compuesto por sus vestidos y otros objetos litúrgicos. Apenas restaurada la iglesia fue saqueada de nuevo en la Guerra de los Treinta Años; un siglo después, el emperador José II secularizó las órdenes religiosas y expulsó a las monjas carmelitas del país. La iglesia pasó entonces a manos de la Orden de Malta.

Tras la Revolución de Terciopelo, el arzobispo de Praga llamó de nuevo a las monjas carmelitas y se reanudaron las romerías y visitas.

En el primer piso abre sus puertas el museo, donde se muestran las setenta capas que tiene el fondo del santo roperín. El niño Jesús de Praga llegó a la ciudad en 1547 con una dama sevillana, María Manrique de Lara, que formaba parte del cortejo de la infanta María, hija de Carlos V, llegada a Viena para casarse con su tío Maximiliano II. María Manrique se casó con Vratislav de Pernstjn, canciller del reino de Bohemia, con quien tuvo 20 hijos.

El noble murió en 1582. Doña María en 1608. Ambos están enterrados en la Capilla familiar de la catedral de San Vito. La hija menor, Polixena, heredó la imagen y fue quien la donó a la iglesia.

❙ KOSTEL SV. MIKULÁSE (IGLESIA DE SAN NICOLÁS) (▶20) ✳✳✳

❙ MALOSTRANSKÉ NAMĚSTÍ (PLAZA DE MALÁ STRANA)

- Ⓞ II C2
- ✉ Malá Strana
- 🚋 Malostranská; Tranvías 18, 20, 22, 23

Dividida en dos por la **iglesia de San Nicolás.** En la parte baja de la plaza, porticada, está el **Palacio Kaiserstein** con representación de las estaciones del año en su fachada. A principios del siglo xx residió en su segundo piso la soprano Emma Destinnová (1878-1930) *partenaire* de Caruso y gran aficionada al ocultismo.

Su tumba está en el cementerio de honor del Vyšehrad. Al lado está el **Ayuntamiento del Lado Chico,** un edificio renacentista de 1622. En la **casa de la Mesa de piedra,** *U kamenného stolu,* estaba el antiguo Café Radetzki, frecuentado por artistas e intelectuales a principios del siglo xx.

En la parte alta de la plaza hay una **columna de la Peste,** erigida para agradecer a la Santísima Trinidad el final de la epidemia de 1713. El gran edificio es el **Palacio Liechtenstein.** Al lado está el **Palacio Smiřicky,** donde se planeó la defenestración de Praga de 1618.

▌ **ZAHRADY POD PRA7SKYM HRADEM (JARDINES BAJO EL CASTILLO DE PRAGA) (▶33)** ✱✱✱

▌ **PEDAGOGICKÉ MUZEUM J. A. KOMENSKÉHO MUSEO PEDAGÓGICO COMENIUS** ✱

Enfrente del Palacio Wallenstein o Valdštejn, en la **Casa del Sol Dorado**, se documenta la vida del reformador humanista y pedagogo moravo, Johann Amós Komensky, conocido como Comenius (1592-1670), cuya obra *Pansophia* es una recopilación enciclopédica del saber de su tiempo. Comenius pretendía implantar una educación globalizadora que sirviera para mejorar al ser humano. En el museo se ambienta una escuela del siglo XIX.

II B2
Valdštejnská, 18
M-D: 10-12.30 h y 13-17 h
pedagogicalmuseum.com
Malostranská (A)
Económico
No accesible

▌ **VALDŠTEJNSKÁ PALAC (PALACIO WALLENSTEIN)** ✱

El general Valdštejn que, enriquecido con los botines de la Guerra de los Treinta Años, pudo comprar y derribar docenas de casas y contratar a los arquitectos italianos Andrea Spezza y Giovanni Peroni para que dirigieran las obras entre 1624 y 1630.

El interior, actual sede del parlamento, refleja la importancia que el personaje se daba: en el fresco del techo de la sala principal se le representa como a un triunfante dios Marte.

En los jardines se le representa como a Aquiles presidiendo la asamblea de dioses y héroes. Los originales de las estatuas, obras de Adrián de Vries, fueron expoliados por los suecos en la Guerra de los Treinta Años y ahora están en el palacio Drottningholm de Estocolmo. Es la sede del Senado.

II B2-3
Valdštejnský nám., 4
www.senat.cz
S-D y festivos: abr-may y oct: 10-17 h y jun-sep: 10-18 h. Nov-mar: primer fin de semana de mes y festivos: 10-16 h. Jardines: abr-may y oct: L-V: 7.30-18 h S-D y festivos: 10-18 h Jun-sep: 10-19 h
Malostranská
Gratuito
Accesible

▼ Los jardines del Palacio Wallenstein, en la actualidad, el Senado.

CALLE NERUDOVA (▶26) ★★★

MARTINICKÝ PALÁC
(PALACIO MARTÍNEZ) ★

Martinic fue uno de los defenestrados de 1618. Sobrevivió porque cayó en el basurero del castillo que había debajo de la ventana y escapó disfrazado de barbero.

De vuelta a Praga, formó parte del tribunal de ajusticiamiento de los rebeldes e hizo pingües negocios con los bienes requisados. Adquirió entonces este palacio renacentista y lo amplió.

Es uno de los edificios más bellos de la segunda mitad del siglo XVI. Sus dependencias tienen la misma disposición que en el Palacio Real del Castillo de Praga, pero con su tamaño reducido a la mitad. Acogió el rodaje de la serie de televisión *Los Borgia*.

NOVÝ SVĚT (BARRIO DEL NUEVO MUNDO) (▶67)

LORETA (EL MONASTERIO DE LORETO) ★★

Según una leyenda del siglo XV, la Santa Casa de la Sagrada Familia en Nazaret fue transportada por ángeles a la ciudad italiana de Loreto, cerca de Ancona, donde la depositaron sobre un árbol de laurel *(loreto)* y que, importante meta de peregrinaciones, sirvió de modelo a todos los Loretos que se construyeron en Bohemia después de la batalla del Monte Blanco.

Este monasterio, situado cercano al Castillo, ya contaba con una pequeña iglesia en el siglo XVI, pero el monasterio actual lo construyó la duquesa española Benigna Catalina de Lobkowitz en 1626-31.

El primer edificio fue la Casa Blanca situada en el centro. El interior barroco se completó un siglo después con la **capilla del Nacimiento de Cristo,** obra de Kilian Ignaz Dientzenhofer (1726), que también hizo la fachada.

En el piso superior se expone el tesoro de la iglesia, con piezas procedentes de toda Bohemia entre las que destaca una custodia de 12 kg con más de 6.000 diamantes incrustados. A las horas en punto suenan las 27 campanas del carillón, obra del relojero Peter Neumann. La melodía es una canción popular musicada por Dvořák.

STRAHOVSKY KLÁSTER (MONASTERIO DE STRAHOV DE LA GUARDIA) (▶30) ★★★

◉ II B1
✉ Hradčanské Náměstí, 8
🌐 www.martinickypalac.cz
Ⓜ Malostranská; tranvía 22, parada Pohorelec
❗ No se visita. Se alquila para distintos tipos de eventos

◉ II B1
✉ Loretánské nám., 7
☎ www.loreta.cz
◉ Nov-mar: 9.30-16 h. Abr-oct: 9-17 h
🚋 Tranvía 22, parada Pohorelec
💶 Moderado. Menores de seis años: gratuito
♿ No accesible

▶ Monasterio de Loreto.

Por Malá Strana hasta el Teatro Nacional

Partida
Puente de Carlos
(lado de Malá Strana)

Llegada
Teatro Nacional

Distancia
3 km

Duración
1 hora (sin paradas)

Restaurante
Café Savoy. Vitězná, 5.
cafesavoy.ambi.cz/en

Galería fotográfica Josef Sudek. Újezd, 30, segundo patio. www.sudek-atelier.cz/en. M-D: 12-18 h

▶ Museo de Kampa junto al río Moldava.

Ⅰ Desde el **Puente de Carlos** baje por las escaleras de la estatua del Caballero Brunswick y adéntrese en la **plaza Na Kampe.**

La **isla de Kampa** está formada por un canal desviado del río, llamado el **arroyo del Diablo**, que alimentaba molinos. El nombre del arroyo proviene de que, en cierta ocasión, una lavandera vio reflejado en sus aguas el rostro del diablo y se volvió loca.

Ⅰ Siguiendo desde la plaza por la calle U Sovových Mlynu se llega al **Parque y Museo de Kampa**. Desde el museo, atravesando el parque y el patio del restaurante Nostiz y el albergue Sokol, se llega a la **Plaza de los Malteses.**

En la plaza hay varios palacios barrocos que hoy día albergan embajadas, como la japonesa en el **Palacio Turba**; la francesa en el **Palacio Buquoi** y la de Malta en el **Palacio del Gran Prior**. En el **Palacio Nostitz** se ubica el Ministerio de Cultura.

▪ Uno de los muros traseros del jardín del palacio del Gran Prior, el **muro de John Lennon,** está decorado con grafittis pacifistas. Famosa pancarta del movimiento estudiantil de protesta apodado "lennonista". El retrato inicial del músico lo pintó un estudiante mexicano en 1980. Al lado, en la calle Lazénska, está la **iglesia de Santa María de las Cadenas** (Carlos Lurago, 1660).

Subiendo por Hellichova se llega a la calle Újedz. Cerca del **Museo de Música,** del **Niño Jesús de Praga** y de la subida a la colina de Petřín. Escondido en un segundo patio está el taller-galería del famoso fotógrafo Josef Sudek (1896-1976), el que mejor captó en sus obras el misterio de Praga.

▪ Desde Újedz, torciendo a la derecha por Vitězná (Café Savoy), se llega al **Puente de las Legiones** *(Most Legii),* con casetas de piedra para cobrar peaje. El puente pasa por la **isla de los Eslavos,** donde hay un teatro y un restaurante, y desemboca frente al **Teatro Nacional,** donde se puede prolongar el paseo.

▲ Vista del puente de Carlos desde la isla de Kampa.

◀ Muro de John Lennon.

AL SUR DE LA CIUDAD NUEVA

❙ VYŠEHRAD (EL CASTILLO ALTO)   ✶✶

El recinto es un hermoso parque-explanada con muy buenas vistas a la ciudad y al río. Alzado en una peña a 70 m sobre el río, el castillo alto de Praga es el monte mítico bohemio, donde la sacerdotisa Libusa fundó la dinastía de los *přemyslitas*.

Un mundo de leyendas tejido en el frenesí nacionalista del siglo XIX que tiene un alto valor poético (literario y musical) pero carece de sustrato histórico. Carlos IV, en el siglo XIV, centró su atención en el otro castillo de Praga y el Vyšehrad se convirtió en un centro religioso en el que llegó a haber hasta 14 iglesias. Los husitas las destruyeron todas en las revueltas de 1420, tras la primera Defenestración de Praga.

Cuando en el siglo XVII Praga fue sitiada por suecos y prusianos, los Habsburgo decidieron convertir el Vyšehrad en una fortaleza y encargaron al italiano Lurago hacer las murallas con seis bastiones y casamatas y las dos formidables puertas de acceso: al sur, la **Puerta de Tabor** (1656) y la monumental **Puerta de Leopoldo I** (1670). Entre ambas están los

▲ Dos de las puertas de la fachada central de la iglesia de San Pedro y San Pablo.

▶ La iglesia de San Pedro y San Pablo.

restos de la puerta gótica que construyó Carlos IV. La **Puerta de Ladrillo** se construyó en 1841. Por el interior de las **casamatas,** pasadizos subterráneos, se accede a la **sala Gorlice,** donde se conservan varias esculturas originales del Puente de Carlos.

La **iglesia de San Pedro y San Pablo** fue construida por Josef Mocker en 1895-1903. En el interior se conserva un sarcófago přemyslita del siglo XII llamado de San Longinos, y un cuadro procedente de la colección de Rodolfo II, la *Madonna de Vyšehrad,* llamada también Virgen de la Lluvia, porque se acude a ella en épocas de sequía. En el prado contiguo hay copias de estatuas de Mylsbeck (1881).

Al lado de la iglesia, en el **Cementerio del Honor Nacional** descansan grandes personajes checos desde su construcción (Anonin Wiehl, 1898). En sus tumbas, muchas obras de arte modernistas, pueden leerse unos 200 nombres de poetas, sabios, músicos, actores y políticos como el pintor Mikoláš Aleš, los compositores Smetana y Dvořák, los escritores Jan Neruda y Karel Čapek, etcétera.

En el túmulo principal, llamado **Slavin,** con esculturas alegóricas de la Patria Doliente y Triunfante (Josef Mauder, 1892), descansan 45 personalidades de la nación, entre las que destacan Alfons Mucha, los escultores Josef Mylsbek y Ladislav Šaloun, el violinista Jan Kubilek…

AL NORTE DEL CASTILLO DE PRAGA

I BÍLKOVA VILA (VILLA BÍLEK) ✱✱
La casa-taller de František Bilek (1872-1941) es un interesante edificio cubista que el escultor y arquitecto se construyó en 1910 –suya es también la casa nº 3 de la misma calle– con ladrillo rojo y parece que representando un trigal: columnas de hormigón para las espigas maduras, pajas a medio crecer, etc.

Ante la casa está su obra *"Comenius se despide de la patria"* (1926). La estética de Bílek, cimentada en el modernismo, tiene un desarrollo peculiar, cercano al simbolismo expresionista. Como era daltónico, su obra, que gustaba mucho a Kafka, es casi toda de madera y tiene grandes calidades táctiles. Su temática es patriótica o religiosa.

I VELETŘNÍ PALÁC
(PALACIO DE EXPOSICIONES MUSEO DE ARTE MODERNO Y CONTEMPORÁNEO)
El colosal Palacio de Ferias (Oldřich Tyl y Josef Fuchs, 1928) fue muy alabado por Le Corbusier y considerado el primer edificio funcionalista de Europa

I D1
V Penovsti 159/5b
www.praha-vysehrad.cz
Nov-mar: 9.30-17 h
Abr-oct: 9.30-18 h
Vyšehrad y desde allí siguiendo las flechas. Tranvías, 18, 7 y 24 (parada Albertov) subida por escaleras desde el río a la puerta de Ladrillo (Chotek Tor) Tranvías 3, 7, 17, 16 (parada Výtoň, y subiendo por escaleras) Desde la plaza de Carlos IV hay 20 minutos andando
Económico
Accesible
Iglesia de San Pedro y San Pablo
Nov-mar: 10-17 h. Abr-oct: 10-18 h (J: hasta 17:30 h)
Económico
Cementerio
www.slavin.cz/
Nov-feb: 8-17 h. Mar-abr y oct: 8-18 h. May-sep: 8-19 h

f. p.
Mickiewiczova 1, Praga 6
www.ghmp.cz/en/buildings/villa-bilek/
M-D: 10-18 h.
Hradčanská (A). Tranvía 22, parada Čhotkova
Económico
No accesible

f. p.
Dukelských hrdinů, 47. Holešovice
www.ngprague.cz
M-D: 10-18 h
6, 17, parada Veletřní
Moderado. Menores de 18 años y estudiantes menores de 26 años: gratuito
Accesible

y el más grande del mundo entre los de su género. En 1951, las ferias se trasladaron a Brno y el edificio quedó abandonado. Tras un aparatoso incendio, fue renovado en 1995 y dedicado a **Museo de Arte Moderno y Contemporáneo.**

En el interior, sus seis pisos dan a dos patios acristalados con impresionantes perspectivas. Cuatro de ellos guardan la colección de la Galería Nacional: bocetos arquitectónicos de los principales edificios de Praga y pintura cubista. La gran sala de arte francés reúne una impresionante colección de 130 pinturas de Paul Cézanne, Chagall, Picasso, Gauguin, Van Gogh y esculturas de Rodin.

En los pisos inferiores hay exposiciones temporales y de diseño y moda. Aunque el museo es el mejor de Praga en su especialidad, es también el más incómodo de visitar por la magnitud de sus dimensiones y las constantes obras de mejora.

Es una de las sedes de la **Galería Nacional** –junto al Monasterio de Sta. Inés de Bohemia y los palacios Schwarzenberský, Salmovský, Šternberský y Kinský.

▶ Palacio de Troja.

I VÝSTAVÍŠTĚ (RECINTO VÝSTAVÍŠTĚ)

Esta parte del antiguo coto de caza del castillo fue transformado en 1891 en recinto ferial para mostrar el progreso de Bohemia y Moravia. Desde entonces es un conocido parque de atracciones en el que se celebran conciertos, festivales de cine, etc.

El **Palacio de Congresos,** *prumyšslový palác,* es una construcción de hierro de estilo modernista que fue renovada en 1954. En uno de los pabellones, el **Lapidarium,** se conservan los originales de esculturas públicas que datan de los siglos XI y XIX.

El **Panorama,** es un edificio redondo situado tras el palacio, en el que se expone una pintura panorámica de la batalla de Lipani, librada en 1434 entre las fracciones husitas. La pintura, obra de Luděk Marek (1898), ocupa una superficie de 1.000 m^2 y mide 30 m de diámetro. En sus proximidades se encuentra el **planetario**.

I TROJSKÝ ZÁMEK (PALACIO DE TROJA) ******

Sternberg fue uno de los nobles que se salvaron de la Defenestración de Praga en 1618 y que en

⊙ f. p.
✉ Výstavíště, 422. Holešovice
🚉 Nadraži Holešovice
Metro: Vltavská y andar 10 minutos. Tranvía 5 desde Nám. Republiký, ó 5, 12 y 17 de la estación de Holesovice

Lapidarium
⊙ Abr-oct-13-17 h.

Panorama
📞 www.nm.cz
⊙ May-nov: X:10-16 h. J-D: 12-18 h.

Planetario
✉ Královská obora, 233
📞 planetarium.cz

Mořský Svět (Acuario)
⊙ 8.30-18 h
📞 www.morsky-svet.cz

⊙ f. p.

✉ U Troskéjo zámku, 1

📞 www.ghmp.cz/budovy/
zamek-troja/

⊙ Abr-oct: M-D: 10-18 h
V desde las 13 h

🚌 112 desde la estación de
Holešovice (metro). Desde
la plaza de San Wenceslao,
tranvía 14, parada Trojská,
y allí el autobús 112

💺 Económico

♿ Accesible solo en el sótano
y en la planta baja

✚ **Zoologická zahrada**
Zoo de Praga. Hora de
cierre variable. Abren a las
9 h. www.zoopraha.cz.
Jardín botánico: Nádvorní,
134. Hora de cierre variable.
Abren a las 9 h.
www.botanicka.cz

• • • • • • • •

⊙ f. p.

✉ Mozartova, 2/169

📞 www.bertramka.eu

⊙ Cerrado por reforma

🚊 4, 6, 9, 12, 14 parada
Bertramka. Metro: Anděl
(y 500 m a pie)

▶ La rotonda de Sv. Martina.

los años que siguieron aumentó sensiblemente su riqueza. Uno de sus descendientes, Wenzel Adalbert Sternberg, se trajo de Italia al arquitecto francés Jean Baptiste Mathey, que con sus obras dio un giro a la arquitectura de los palacios de Praga.

Mathey fue contratado por el arzobispo Waldstejn para rehacer el palacio arzobispal y construir el palacio arzobispal y del gran maestre en la isla de Kampa, así como para levantar el palacete de verano de Troja de los Sternberg (1679-85), con una escalera adornada con luchas de dioses contra titanes.

En 1880 el palacete fue renovado. Acoge una exposición de arte checo del siglo XIX. Además del contenido se puede admirar la arquitectura del edificio y mirar las pinturas del techo del salón de baile, obra de los holandeses Isaak y Abraham Godyn.

AL SUR DE MALÁ STRANA

❙ VILLA BERTRAMKA, MUSEO DE W. A. MOZART Y DEL MATRIMONIO DUŠEK ✶✶

Esta casa de campo barroca, construida por un cervecero en el siglo XVII a las afueras de la ciudad, perteneció desde 1774 al matrimonio de músicos (compositor y soprano) František y Josefina Dušek, anfitriones de Mozart en Praga.

En el jardín hay un busto de Mozart (Thomas Seidan, 1876) y una placa que dice que en la villa acabó de componer la ópera *Don Juan,* el 28 de octubre de 1787. La Dušek lo encerró en la casa y, bien comido y bebido (se dice que también amado), consiguió acabarla solo unas horas antes del estreno. Los músicos la tocaron sin haber visto el final. Pocas semanas después Mozart compuso para la Dušek el aria *Bella mia fiamma.*

En el **museo** se conservan documentos, objetos personales (cabellos de su genial cabeza), su piano y su cémbalo.

▶ Cémbalo de Mozart
en una de las salas
del museo.

Alrededores de **Praga**

Praga está geográficamente situada en el corazón de Bohemia. En los suburbios de la capital, que en general son feos y aburridos, industrializados o sumidos en barriadas de bloques prefabricados, hay sin embargo un par de parques y monumentos (Bíla Hora, Breznov) que merece la pena visitar y, ya fuera, se llega pronto al bucólico paisaje verde de Bohemia, fértiles vegas, campos de lúpulo destinados a la fabricación de cervezas y viñedos en las laderas boscosas de los montes.

I Excursiones desde Praga

Desde Praga se pueden hacer excursiones en coche o en tren a los destinos que se proponen, y que no están a más de tres horas de viaje y en un radio de unos 100 km: castillos medievales, cultivos de vino, la riqueza de las minas de Kutna Hora, los famosos balnearios de Bohemia y la cuna de su icónica cerveza: Pilsen.

Cerca de Praga, en un radio de 100 km, hay interesantes lugares y monumentos que merece la pena visitar y paisajes para disfrutar en una buena excursión. Desde Praga hacia el sur, a menos de 50 km, quedan las **cuevas de Koněprusy,** con estalactitas y estalagmitas en las que se puede palpar la mano artística de la naturaleza y en las que se da un paseo subterráneo que culmina en un lago oculto. En la misma carretera, el emblemático castillo de **Karlštejn,** construido en solo nueve años (1348-1357) en uno de los lugares más bonitos de Chequia.

En dirección suroeste y por autovía, en una hora se llega a la ciudad de **Pilsen** (Plzeň), donde puede conocerse todo acerca de la famosa cerveza checa que le ha dado fama y, por supuesto, degustarla.

▲ Antiguo autobús histórico en una calle de Pilsen. Debajo, la famosa cerveza *Pilsen*, elaborada en el siglo XIX.

Hacia el norte, y por autopista, se llega al centro vinatero de **Mělnik,** con gran tradición desde que en el siglo X San Wenceslao, patrón de Bohemia, pasó en él su niñez con su abuela, santa Ludmila. Las cepas que producen los (dulces) vinos actuales fueron traídas de Francia por Carlos IV, en el siglo XIV. Cerca queda la **fortaleza** barroca de **Terezín,** construida por Maria Teresa de Austria y convertida por los nazis en "modélico" campo de concentración, para mostrárselo a la Cruz Roja Internacional.

Al este, a 50 km, está la ciudad de **Kutná Hora** ("Montaña Excavada") donde se extraía plata en el siglo XIII y cuyo casco antiguo forma parte de la lista de la Unesco desde 1995. Esta excursión se puede completar con una visita a la cercana **Poděbrad,** ciudad en la que se conserva el palacio natal del rey husita que se enfrentó a Roma y sede del banerario más checo de Bohemia.

El triángulo de balnearios de legendario nombre en alemán (Karlsbad, Marienbad, Franzesbad) queda un poco más alejado, al oeste, en los bosques de bohemia. Se propone una excursión al primero y principal de los tres, **Karlovy Vary,** al cual acudían a tomar las aguas las noblezas europea y rusa. La tradición rusa, mantenida con huéspedes proletarios durante los años de la Unión Soviética, continúa.

Cuevas de Koněprusy y Castillo de Karlštejn

CUEVAS DE KONĚPRUSY ⭐⭐

Tome la autopista E50 en Praga en dirección a Plzeň (Pilsen) y salga a la altura de Beroun, hacia Koněprusy. A 4 km se hallan las **Cuevas de Koněprusy** *(Koněpruské jeskyne)*, descubiertas al dinamitar las canteras vecinas, en el Monte de Caballo de Oro (Zlaty kun); 600 m de galerías en tres niveles con 70 m de diferencia de altura.

Estalactitas y estalagmitas con contenido de ópalo y raras formaciones llamadas "rosetas". En el primer nivel se descubrieron los restos de un taller de falsificación de monedas que ha sido reconstruido. En el último hay restos paleontológicos.

CASTILLO DE KARLŠTEJN ⭐⭐

El **Castillo de La Peña de Carlos** *(Hrad Karlštejn)*, situado sobre una peña boscosa al borde del río Beorunka, con edificios a varios niveles que aumentan su atractivo, fue construido por el arquitecto de Carlos IV, Peter Parler, para guardar las Insignias del Imperio, actualmente en la Catedral de San Vito.

Las paredes de la **capilla de la Santa Cruz** están cubiertas por más de 2.000 piedras semipreciosas decoradas con pinturas del maestro Teodorico. La capilla se encuentra en el segundo piso del torreón grande, de 37 m de altura. Es la parte más interesante del recinto. En la torre más pequeña, llamada María, está la capilla de Santa Catalina, con pinturas del siglo XIV, entre las que está el retrato de Carlos IV.

Pilsen ⭐⭐

Pilsen es una agradable ciudad, en contraste con el amargo sabor de la cerveza que le ha hecho tan popular en el mundo y que se puede ver cómo se elabora en su fábrica, orgullo de sus habitantes.

En 2015 fue Capital Europea de la Cultura, una excusa para visitarla y contemplar en persona la **Catedral de San Bartolomé**, que tiene la torre más alta de Chequia, así como la sinagoga que los judíos construyeron en el año 1893.

Una huella de la capitalidad cultural de Pilsen son algunos de los espacios que han quedado hoy para el uso y disfrute de vecinos y curiosos, como es el caso del **DEPO2105**, una antigua nave industrial transformada en centro cultural (www.depo2015.cz).

Distancia: 31 km (ida)
Tiempo necesario: 6 horas
Punto de partida/llegada: Praga

Cuevas de Koněprusy
- visit.caves.cz/en/cave/konepruske-jeskyne
- Abr-jun y sep: 8-16 h. Jul y ago: 8-17 h. Oct 8.30-15 h. Nov: L-V: 9, 11 y 14 h
- Moderado
- No accesible

- Consultar web
- www.hrad-karlstejn.cz/en
- Depende del recorrido (menores de 6 años: gratuito)
- No accesible
- Al castillo suben taxis y se quedan a 200 m. El coche se deja en un aparcamiento vigilado
- Desde la estación de Smíchov salen cada hora
- **Pod hradem.** Karlštejn, 69
  - restauracepodhradem.cz

Distancia: A 91 km de Praga
- Hay trenes directos que salen desde la estación principal de Praga cada hora. El trayecto dura unos 95 minutos
- Desde la estación de Florenc o Zlicín salen autobuses cada hora con destino Pilsen. El trayecto dura una hora aprox.

► Castillo de la Peña de Carlos.

Kutná Hora y Poděbrady

TORRE DE LA PÓLVORA ★★

La Torre de la Pólvora era la puerta de la Ciudad Vieja de Praga por donde entraba la plata de las minas de Kutná Hora. Desde Nám Republiký o desde Wilsonova siga por la gran avenida de tráfico Rohanské nábřezi y atraviese el barrio industrial del Karlín. El **Karlín** es el barrio del puerto fluvial de Praga, construido a finales del siglo XIX.

Actualmente las fábricas se han transformado en *lofts* y el barrio industrial en residencial. En la otra parte del monte, accesible desde el Karlín por un largo túnel peatonal, está el **barrio de Žižkov**.

En el **monte Vitkov**, un otero solitario que se levanta entre Karlin y Žižkov, Jan Žižka venció en 1410 a las tropas del rey Segismundo uniendo las fuerzas husitas. En 1929 se levantó en el monte el **monumento de los Héroes Militares**.

En la terraza hay una estatua ecuestre de Žižka (Bohumil Kafka, 1932), considerado el mayor bronce del mundo (16 toneladas). Desde el Karlín por la A67, en la llanura del Elba, a 40 km, está Poděbrady.

PODĚBRADY ★

Poděbrady es una ciudad de 14.000 habitantes con un modesto balneario descubierto en 1908. Con 13 fuentes termales, aquí acude el turismo nacional. En el barrio del balneario hay un gran parque. Aquí nació el rey husita Jorge de Podiebrad (1420-1471). El gran **castillo** ocupa casi todo el centro de la ciudad, junto al río Labe (nombre checo del Elba).

La estatua ecuestre del centro de la plaza data de 1881. Hay un par de cafés. Poděbrady es un buen sitio para comprar cristal de Bohemia.

KOLÍN ★

Desde Poděbrady tome la carretera nacional 38 hacia el sur. A 11 km está Kolín. Con 31.355 habitantes y a orillas del Elba, es el principal centro industrial de Bohemia desde el siglo XIX. Tiene un curioso casco antiguo alrededor de la **Plaza del Mercado**, una **iglesia** gótica construida por Peter Parler, un **museo** y el **Cementerio Judío** más antiguo de Praga y que se utilizó hasta 1887. Está en la calle Kmochová, cerrado, pero puede verse desde la reja. Desde Kolín, por la carretera nacional 38 hay 11 km hasta Kutná Hora.

KUTNÁ HORA ★★★

En Kutná Hora (21.000 habitantes) estaban las minas de plata que en el siglo XIV producían un tercio del

---

• • • • • • • • •

Distancia: 62 km (ida)
Duración: 6 horas
Punto de partida/llegada: Praga

Monte Vitkov
✉ U Pamatniku, 1900. Praha 3
☎ www.nm.cz
🕐 Nov-mar: J-D: 10-18 h. Abr-oct: X-D: 10-18 h
💶 Económico (Menores de seis años: gratuito)
🚌 Al monte se sube desde Tachovskeho nam. (Autobuses 175, 133, 207 desde Florenc)

• • • • • • • •

📍 Jiřijo Námesti, 39
☎ 325 606 111
🕐 Abr-oct: 9-17 h)
💶 Económico
🖥 www.ipodebrady.cz
www.lazne-podebrady.cz/en

• • • • • • • •

📍 Na Hradbách, 157.
🖥 infocentrum-kolin.cz
Sinagoga
🕐 Martes-viernes, 9-17 h. Domingo 9-15 h
💶 Económico
Museo Regional
✉ Otevírací doba.
🖥 www.muzeumkolin.cz
🕐 M-V: 9-17 h. S-D: 10-17 h
💶 Económico

• • • • • • • •

🖥 www.kutnahora.cz
guideskutnahora.com

mineral europeo y en sus galerías trabajaban hasta 3.000 hombres. En el siglo XVI se agotó la extracción y en 1726 se cerró la fábrica de monedas que existía.

Desde lejos se ven las inconfundibles torres en forma de tienda de campaña de la **iglesia de Santa Bárbara,** patrona de los mineros, construidas por el arquitecto Mathias Rieth a finales del siglo XV. El templo lo había empezado Peter Parler en 1388, pero las obras se interrumpieron con la guerra de los Husitas y no continuaron hasta 1460. Aún se conserva la extraña construcción octogonal en la que trabajaban los canteros de Rieth.

Kutna Hora es un recinto turístico con muchas tiendas, bares y hoteles. Entre sus edificios merece la pena visitar la **Casa de Piedra** (Kamenný Dům), una vivienda noble de 1489 que hoy es un museo que narra cómo era la vida en el municipio. La Fábrica de Monedas se llama **Casa de los Italianos** (Vlašský Dům), porque de allí llegaron los maestros acuñadores. Tras la Batalla del Monte Blanco los

Museo de la Plata
Castillo Pequeño
🕐 Abr-oct: 9-17 h. May-jun y sep: 9-18 h. Jul-ago: 10-18 h. Nov: 10-16 h. Cerrado L

Casa de Piedra
🕐 Abr-oct: 9-17 h. May-jun y sep: 9-18 h. Jul-ago: 10-18 h. Nov: 10-16 h. Cerrado L

Catedral de Santa Bárbara:
🕐 Ene-feb: 10-16 h. Mar: 10-17 h. Abr-oct: 9-18 h. Nov-dic: 10-17. S-D: 10-18 h

Osario
🕐 Nov-feb: 9-16 h Mar y oct: 9-17 h Abr-sep: 8-18 h. D: 9-18 h

Casa de los Italianos
🕐 Nov-feb: 10-16 h Mar y oct: 10-17 h Abr-sep: 9-18 h

jesuitas levantaron aquí un gran colegio. Domenico Orsi lo construyó en 1626 con planta en forma de F en memoria del emperador Fernando II y con una galería de estatuas de santos parecida a la de Praga, de menor calidad y en peor estado de conservación.

Un lugar curioso es la **capilla de los Huesos,** en el barrio Sedlec, a 3 km del centro. Pertenecía a un monasterio cisterciense que fue cerrado en 1784. El tallista Franz Ritt recogió los huesos de 40.000 cadáveres enterrados en el cementerio y compuso lámparas, adornos, arcos y altares de una espeluznante belleza.

▲ Capilla de los Huesos y su peculiar decoración.

▌ Hacia el norte de Bohemia

Salga de Praga por el norte (V Holešovičkách), atraviese el río y tome la autopista 8 en dirección a la frontera alemana (Dresde).

Deje la autopista en la salida de Nová Ves, tome la carretera 16 hacia la población y a unos 200 m el desvío de la carretera 608 hacia el sur (evite en lo posible entrar en el suburbio industrial de Kralupi nad Vltavou).

A unos 5 km, en una roca sobre el río está el **Palacio de Nelahozeves.** Al pie del castillo la casa natal de Dvořák. Regrese por la misma carretera en dirección a la autopista 8, pero, en vez de tomarla, crúcela y siga por la carretera 16. A 20 km, en los montes que interrumpen la llanura, en la desembocadura del Moldava en el Elba, está **Mělnik.**

Salga de Mělnik y siga por la orilla del río Elba. A 7 km aproximadamente, Liběchov, rodeado de viñedos y con un castillo y un parque barrocos, constituye la entrada al **Parque de Kokořin** (desvío, 7 km), un paraje con extrañas formaciones cársticas con estrechos cañones en algunos arroyos como el Pšovka. Desde Liběchov continúe por la carretera hasta Litoměřice.

▶ Catedral de San Esteban con el campanario de Litoměřice.

▼ Palacio de Nelahozeves.

❚ LITOMĚŘICE ✴

Está ubicado en la desembocadura del río Eger (Ohre) en el Elba (Labe). Es una bonita ciudad de 24.000 habitantes rodeada de huertos y viñedos.

En el convento de los dominicos se guardan los mejores vinos de Bohemia. Siguiendo por la carretera 15, a 4 km está Terezín. Desde Terezín se puede llegar a Praga directamente por la autopista 8 (62 km).

❚ NELAHOZEVES ✴✴

El Palacio de Nelahozeves (Bonifaz Wohlmut, 1553) fue construido para un noble bávaro que luchó a favor de los husitas en la batalla del Monte Blanco. Tras la derrota pasó a manos de los Lobkowitz, con-

Distancia: 100 km: Desde Praga hasta Nelahozeves hay 40 km, de Nelahozeves a Mělnik, 20 km. Desde Mělnik a Terezín, 40 km
Duración: 1 día
Punto de Llegada/Partida: Praga Centro/Holešovice

Información del Parque Protegido de Kokořin:
✉ Správa CHKO Kokorínsko, Česká ul. 149. Mělnik.
🏛 En Mělnik

- Desde la estación de Masarik

Palacio
- www.lobkowicz.cz/lobkowiczky-palac
- Fin de mar-fin de oct: M-D: 9-17 h

Casa de Dvořák
- www.antonin-dvorak.cz/en/museums
- Primera y tercera semana de mes: X-D: 9.30-12 y 13-17 h. Segunda y cuarta semana de mes: X-V: 9.30-12 y 13-17 h. De nov a feb cierra a las 16 h
- En el castillo (M)

- Náměstí Miru, 11
- Palacio de Mělnic. Abr-oct: 9.30-18 h. Nov-mar: 9.30-16 h. Última entrada 1 h antes
- www.lobkowicz-melnik.cz
- Desde la estación de autobuses de Holešovice salen autobuses. Dura 1 hora

Museo Regional
- www.muzeum-melnik.cz
- M-D: 9-12 y 12.30-17 h

Iglesia de San Pedro y San Pablo
- 10.30-12 h y 12.30-16.30 h
- El palacio tiene una bodega y un restaurante con terraza en el ala que da hacia el río

- Desde la estación de autobuses de Holešovice en Praga salen autobuses. 60 minutos el trayecto
- www.pamatnik-terezin.cz

cretamente de Polixena, la dama del Niño Jesús de Praga, que inició la colección de arte.

El castillo repasa la influencia de aquella mujer ultracatólica que llegó a ser la más rica de Bohemia (se casó con dos cancilleres reales y heredó las dotes de las cuatro esposas del primero para dejárselas al segundo, el joven Lobkowitz). El inventario que se conserva está en español, el idioma que la dama hablaba.

Cuadros de Hans von Aachen, Jorge de la Rua, Sánchez Coello, Canaletto, Velázquez, Lopez Polanca, Brueghel, Cranach, Veronés… Aunque pasando por las salas se tiene la impresión de que la familia más que a las gestas heroicas se dedicó a acumular dotes y a criar caballos y perros.

El séptimo Lobkowitz fue un gran melómano y su amigo Beethoven le dedicó la Sinfonía Heroica tras "des-dedicársela" a Napoleón. Se conserva el original manuscrito. Al pie del castillo está la modesta **casa natal de Antonín Dvořák**.

❙ MĚLNÍK ✳

Con sus cerca de 19.200 habitantes, esta ciudad está en la confluencia de los ríos Vltava (Moldava) y Labe (Elba), cuya corriente ya no suena como en el poema sinfónico de Smetana porque está contenida por presas y flanqueada por centrales nucleares.

En Mělnik estaba situado en la alta Edad Media (siglo X) el castillo de la familia de Santa Ludmila, donde la santa se encargó de la educación de su nieto, San Wenceslao, santo de tradición vinatera. Después de la Batalla del Monte Blanco, los Lobkowitz compraron el castillo.

La ciudad está rodeada de viñedos aterrazados por los escarpados barrancos del río. En la Plaza de la paz se encuentra el **Museo Regional.** En el **palacio,** desde cuyas terrazas hay magníficas vistas a los viñedos y a la feraz vega del Elba, se puede comprar vino **Ludmila** blanco y tinto. Al lado del castillo está la **iglesia de San Pedro y San Pablo,** en la que han sido artísticamente apilados huesos de 15.000 víctimas de la peste del siglo XVII.

❙ TEREZÍN ✳✳

La fortaleza de Terezín (2.936 habitantes) fue construida por Maria Teresa de Austria a finales del siglo XVIII para defender las fronteras del norte de Bohemia de la codicia prusiana. Son dos fortalezas, una grande y otra pequeña, que ya en la Primera Guerra Mundial sirvieron de campos de prisioneros.

▲ Ventana en el campo de concentración de Terezín.

◄ Memorial a las víctimas en el Cementerio Judío (Terezín).

En la Fortaleza Grande *(Hlavbí Pevnost)* los nazis organizaron un campo de concentración en diversas etapas. Empezó siendo un gueto judío en 1941 en el que se permitía a los prisioneros cierta organización en una especie de ayuntamiento e incluso disponer de escuelas y teatro. Pero el número de prisioneros creció tanto que en 1942 fue necesario evacuarlos a otros campos de Centroeuropa.

En 1943 la Cruz Roja Internacional exigió inspeccionar el recinto y una delegación visitó las instalaciones del mismo, redactando un informe favorable que lo describía más o menos como un lugar de recreo.

Al final de la guerra el campo sirvió de prisión a los sudetes alemanes de Checoslovaquia (más de tres millones de personas, ancianos mujeres y niños en su mayoría). Stalin los deportó en dos direcciones, hacia Austria y Alemania. Los que iban hacia Alemania eran internados durante cinco años más en Terezín, con "el mismo trato que los nazis habían dispensado a sus prisioneros". No hay documentación de estos cinco años en Terezín.

¿Sabías que...?

Gavrilo Princip, un nacionalista extremista serbo-bosnio, asesinó al heredero de la corona austrohúngara, el archiduque Francisco Fernando, y a su mujer, la duquesa de Hohenberg, Sofía Chotek, el 28 de junio de 1914 en Sarajevo. Hito que prendió la llama de la I Guerra Mundial. Princip fue condenado por el atentado a veinte años de prisión en la fortaleza de Terezín, donde murió de tisis el 28 de abril de 1918.

▌Hacia Karlovy Vary

Salga de Praga por la carretera nacional E 48. Desde la ciudad vieja atravesando el río por el puente Čechův Most, subiendo a los jardines de Létna y desde allí en dirección al aeropuerto (carretera urbana 6) por las calles Milady Horákové, Bělohorská y Karlovarská hasta el lazo de autopistas.

A la derecha está el **Monasterio de Břevnov,** fundado en el 993 por el obispo San Adalberto. De este tiempo se conserva la cripta del ábside. Los edificios actuales, obra de los Dientzenhofer (padre e hijo), fueron concluidos en 1745.

En la visita se muestra la sala de los prelados con un fresco de Cosmas Damian Asan (Muerte de San Günther, 1727), la biblioteca y la capilla de Santa Margarita.

Más adelante está el **Parque del Monte Blanco,** donde en 1620 se libró una batalla que dio la victoria a la Liga Católica sobre los protestantes bohemios y dejó Bohemia y Moravia sometidas al Imperio Austrohúngaro hasta 1918. Una **ermita** del siglo XVIII dedicada a la Virgen de la Victoria conmemora el hecho.

En el monte, Fernando I construyó en 1530 el pequeño **palacete de la Estrella,** llamado así por su planta de estrella de seis puntas. En el piso bajo hay documentación sobre la Batalla del Monte Blanco y en el piso superior una sala de exposiciones.

Deje de lado la parada de tranvías de Bilá Horá y siga en dirección al aeropuerto por la misma carretera (Karlovarská) hasta el lazo de autopistas urbanas. Después de atravesar este, tome por la vía Československé Armády que ya es la autopista

Distancia: 130 km (1 hora y 50 minutos de viaje en coche)

Desde la estación de Hlavní nádraží de Praga salen trenes cada 2 horas. STam en bus desde la estación de Florenc en Praga

🏠 www.karlovyvary.cz/en

Duración: Un día
Punto de salida/llegada: Praga

Břevnovský klášter
Monasterio de Brevnov
✉ Markétská 1, Praga 6
🏠 www.brevnov.cz/en/
🕐 Visitas guiadas: S a las 10, 14 y 16 h y D: 11, 14 y 16 h
En invierno: S: 10 y 14 y D: 11 y 14 h
💰 Económico
🚋 Bělohorská 1, tranvías 22, 25 y 97 parada Břevnovský Kláster
🍴 En el convento (Klašterny šenk, 11.30-23 h)

Bílá hora. Monte Blanco
🏠 bilahora.eu/en/
🚋 22, estación final. Tranvías 1,18 a Petřiny. Estación final, a unos 300 m del Palacete de la Estrella

◀ Hotel termal modernista junto al río Tepla.

▼ Vista del antiguo monasterio Brevnov.

📍 T.G. Masaryka 53
(L-V: 8-18 h y S-D y festivos:
9-17 h. Pausa para comer
de 13 a 13.30 h) o Lázenská,
14. (Diario: 8-18 h)

🌐 www.karlovyvary.cz/en

☕ **Café Elefant**
✉ Stará Louka, 30.

E 48. Deje a la derecha el aeropuerto y atraviese el pueblo de Hostivice. Siga por la autovía E 48, directa a Karlovy Vary.

Karlovy Vary cuenta con unos 48.776 habitantes aproximadamente. Desde principios del siglo XIX, cuando se llamaba Karlsbad, la élite europea empezó a ir a tomar las aguas. Goethe estuvo 13 veces y el zar de Rusia Pedro "el Grande" los puso de moda entre la nobleza rusa. Una acendrada tradición en Karlovy Vary que no se interrumpió durante los años del socialismo.

El centro turístico está en el barrio del balneario, a espaldas de la ciudad. Un magnífico conjunto modernista que salió indemne de la guerra y ocupa el estrecho barranco del río Tépla: parques, columnatas y baños.

Tomar las aguas es gratis, todo el mundo lleva unas tacitas con pitorro que se llenan en las fuentes y de las que hay que beber con cuidado porque el agua quema. No faltan centros comerciales, tien-

▲ Imaginería religiosa checa decorando una fuente.

▶ La localidad balnearia de Karlovy Vary.

das de recuerdos, puestos de artesanos y toda la parafernalia que arrastra el turismo de este tipo.

En el centro del barrio, frente a la barroca iglesia de la Magdalena (Dientzenhofer, 1731) está la **fuente principal,** en un edificio de la época socialista cuyos sótanos merecen una visita.

Detrás de la fuente, subiendo por la calle que arranca de la Plaza del Mercado se llega a la **Iglesia Rusa,** un edificio modernista de torres azules (1898), dando un paseo por el bonito decorado.

En el parque cercano a la iglesia hay una estatua de Karl Marx, que estuvo en Karlsbad. Desde la fuente se sigue hasta el final del paseo, que llega hasta el Hotel Imperial. Antes de llegar al hotel, desde una pequeña calle lateral, sale un funicular hasta el monte de Diana, donde hay una torre panorámica desde la que se divisa el bosque bohemio. Detrás del Hotel Imperial hay un tranquilo parque con un monumento a Beethoven y la Galería de Arte con muestras de arte modernista y contemporáneo checo.

Iglesia rusa
✉ Krále Jiřího
🕐 9-18 h

Museo del aguardiente Becherovká (Jan Becher Museum)
✉ T.G. Masaryka, 57
🕐 M-D: 9-17 h

Galería de arte
✉ Goethova stezka, 6
🕐 M-D: 10-17 h

Museo Karlovy Vary
✉ Nová louka, 23
🕐 Oct-abr: X-D: 10-17 h.
May-sep: M-D: 10-18 h

Museo del cristal de Bohemia Moser
✉ Kpt. Jaroše, 46/19
🕐 Diario: 9-17 h

Baño: Spa Hotel Thermal,
✉ I. P. Paulova, 11
🌐 www.thermal.cz

¿Sabías que…?

Se cuenta que al perro de Carlos IV, yendo un día de caza en 1348, se le quemaron las pezuñas y el rey fundó la ciudad de Karlovy Vary en la que hay hasta 60 manantiales de aguas ferruginosas que salen a temperaturas que entre 40° y 70°.

Dónde...

Restaurantes y cafés

Ciudad Vieja y Josefov

U Pivrnce (M)
En pleno barrio judío. Aunque tienen ricos platos a base de carne, cabe destacar su codillo. Cuenta con carta en español.
- ✉ Maiselova, 3
- 🕐 L–V: 11.30-23.00 h.
  S-D 12.00-23.00 h
- 🌐 www.maiselova.upivrnce.cz

Nase Maso (E)
Este curioso local se trata de una carnicería que también tiene servicio de restaurante. Además de sus hamburguesas, cabe destacar su steak tartar y las salchichas.
- ✉ Dlouha, 39
- 🕐 L-D: 08.30-22.00 h
- 🌐 www.nasemaso.cz/en

U Zlateho Hada (M)
Muy recomendable para tomar una cerveza Pilsen y un plato de goulash en la Ciudad Vieja.
- ✉ Karlova 18
- 🕐 L-D: 11.00-00.00
- 🌐 www.beerrestaurant.cz/en

U Kunstatu (M)
En este restaurante sirven catas de cerveza, ya que dispone de una carta con más de 100 tipos de cervezas artesanales. El local es muy céntrico y tienen terraza exterior.
- ✉ Retezova, 222/3
- 🕐 L-D: 12.00-23.00 h
- 🌐 www.ukunstatu.cz

Krčma U Pavouka (M)
Se trata de una taberna medieval en el interior de una estancia subterránea donde sirven comida tradicional checa. También hacen espectáculos en directo.
- ✉ Thunovska, 198/15
- 🕐 L-D: 11.00-23.00 h.
  Espectáculos sobre las 19.00 h
- 🌐 www.upavouka.com

FieldRestaurant (C)
Cocina moderna donde los ingredientes son los protagonistas.
- ✉ U Milosrdných, 12
- 🌐 www.fieldrestaurant.cz/en
- 🕐 L-V: 11-14.30
  y L-S: 18-22.30 h. S-D:
  12-15 h.
  D: 18-22 h.

La Degustation (C)
Restaurante con estrella Michelín que piensa diferente en relación a la comida. Por supuesto, es caro pero vale la pena si se aprecia la buena cocina europea.
- ✉ Haštalska, 18
- 🌐 www.ladegustation.cz/en/
- 🕐 M-D: 18-24 h

Indian Jewel (M)
Uno de los primeros restaurantes indios que abrieron en Praga. Situado en un rincón muy agradable de la ciudad para dar buena cuenta de los platos tandori.
- ✉ Rybná, 9
- 🌐 www.indianjewel.cz
- 🕐 11-22.30 h

King Salomon (M)
Restaurante kosher en el solar de la casa del rabino Low, creador del Golem. Lengua de cordero y otras preparaciones de tradición hebrea.
- ✉ Široká, 8. Josefov
- 🌐 www.patactvrt.cz
- 🕐 L-J y D: 12-22 h. V: 12-18 h

Krčma (M)
Es uno de los restaurantes checos más típicos. Está situado en el centro de la ciudad. Platos tan abundantes como sabrosos.

Precios

Los precios son aproximados e incluyen una comida de tres platos (entrada, plato principal y postre) para una persona:

C = más de 1000 Kč

M = 500-1000 Kč

E = menos de 500 Kč

Cubierto

Muchos restaurantes aplican sobre la cuenta un suplemento en concepto de "cubierto"

Internet

Una buena dirección para descubrir restaurantes de calidad es www.czechspecials.cz

Horarios

La hora de la comida en Chequia es un poco más temprano que en España: a mediodía, de 12.30 a 14 h.

La hora de la cena es a partir de las 19 h y hasta las 21 h. Más allá de este horario puede resultar complicado encontrar restaurantes donde cenar, pero se consigue, no se desanime.

- ✉ Kostecná, 4
- 🌐 www.krcma.cz
- 🕐 11-23 h

Pilsen Restaurant Prag en Obecní Dům (M)
Gran cervecería decorada en estilo de la secesión vienesa en la Casa Municipal.
- ✉ Casa Municipal
- 🌐 www.pivniceod.cz/cz/uvod/
- 🕐 11.30-23 h

Country Life Melantrichova (E)

La tienda *Country life* ofrece una amplia gama de sencillos platos veganos tanto fríos como calientes a un buen precio.
- ✉ Melantrichova, 15
- 🕿 www.countrylife.cz
- 🕘 L-J: 10.30-19.30 h.
  V: 10.30-18 h. D: 12-18 h.
  S: cerrado.

Ciudad Nueva

U Matejicku (E)

Restaurante económico de comida casera. Muy recomendable el schnitzel o el gulash. Disponen de carta en español.
- ✉ Naplavni, 2011/5
- 🕘 L-D: 11.00-23.00 h
- 🕿 www.umatejicku.cz

U Fleků

Abrió sus puertas en 1499, lo que la hace la cervecería más antigua de Praga.
- ✉ Křemencova, 11
- 🕘 L-D: 10.00-23.00 h
- 🕿 www.ufleku.cz

L'Osteria - Národní

Restaurante italiano donde degustar una buena pizza. También tienen opciones veganas.
- ✉ Budova DRN Nádorní, 135/14
- 🕘 L-S: 11.00-00.00 h.
  D: 12.00-00.00 h.
- 🕿 losteria.net/de/restaurants/restaurant/prag-palac-narodni

Alcron Restaurant (C)

En el hotel Radisson Blu, cocina de alta calidad. Un clásico en las listas de los mejores restaurantes del mundo.
- ✉ Štěpánská, 40
- 🕿 www.alcronprague.cz
- 🕘 L-V: 12-16 h
  L-S: 17.30-24 h

Zvonice (C)

Restaurante situado en el interior de una torre gótica

donde se da buena cuenta de la cocina local.
- ✉ Jindrisska Tower, en la calle del mismo nombre
- 🕿 www.restaurantzvonice.cz
- 🕘 11.30-24 h.

Loving Hut (M)

Cadena internacional de restauración vegana que cuenta con varios establecimientos en Praga. En su carta ofrece su tradicional comida asiática junto con platos checos.
- ✉ Spálená, 22.
- 🕿 www.lovinghut.cz
- 🕘 11-21 h.

Pasta Krusta (M)

Para quien le apetezca buena comida italiana en un restaurante bien situado y donde la comida se sirve al momento, esta es una de las mejores direcciones.
- ✉ Vodičkova 15
- 🕿 www.pastavodickova.cz
- 🕘 10-23 h

Pivovar Národní (M)

Cervecería tradicional y especialidades del país. Terraza.
- ✉ Národní 8
- 🕿 www.pivovarnarodni.cz
- 🕘 11-23.30 h.

U Pravdů (E)

Restaurante de ambiente rústico y situado fuera del camino turístico. Cocina y público bohemios.
- ✉ Žituá, 15
- 🕿 upravdu.com
- 🕘 11-23 h y S-D: 12-23 h.

U Pinkasů (E)

En el local donde por primera vez se sirvió Pilsner Urquell.
- ✉ Jungmannovo nám., 15
- 🕿 www.upinkasu.cz
- 🕘 10-23.30 h

Banh-mi-ba (E)

Económico restaurante que suele servir como especialidad comida vietnamita. El local resulta ideal para hacer una parada a comer y descansar tras visitar el Museo Mucha.
- ✉ Panská, 9
- 🕿 www.rozvoz.banhmiba.cz
- 🕘 L-S: 10.30-22 h
  D: 10.30-21 h

U Sedlerú (E)

Restaurante de corte turístico, instalado en el interior de una torre gótica donde se da buena cuenta de la cocina local.
- ✉ Karlovo náměstí, 17

Vinarna. Tabernas de vino

Las tabernas de vino son más finas de público y localización que las cervecerías. Suelen ser frecuentadas por jóvenes y el vaso viene a costar 1 €. A los checos les gusta su vino y lo consumen, de modo que apenas queda para la exportación. El vino más conocido es el Ludmila, y el vino joven (*Burčák,* tinto y ácido) que se produce en Moravia. Los vinos checos de menos de 6 € la botella son poco recomendables.

Pivnice. Cervecerías

Las cervecerías bohemias son unos locales tan famosos como los *biergarten* alemanes, las tabernas españolas, los bistró franceses o los cafés vieneses. Beber cerveza es una costumbre que traspasa todas las clases sociales. Suelen ser locales austeros, con mesas corridas de madera y decoración rústica, atmósfera cargada y más baratos cuanto más alejados del centro turístico están. En ellas se come bien y barato.

Hospoda, Hostinec y Restaurace

Muchos locales de restauración llevan estos nombres. *Hospoda* y *hostinec* son cervecería-restaurante, en los que la carta, siempre tradicional, suele ser un poco más amplia que en la *Pivnice*.

Más variedad se encuentra en los *restaurace*, restaurantes de categoría media. En el centro turístico suelen prestar más atención a la caja que a la cocina.

📶 www.usedleru.cz/en
🕐 11-23 h. S: 11.30-23 h y D: 11.30-22 h.

Al este de la Ciudad Nueva

Oblaca Restaurant (C)

Excelente opción para disfrutar la ciudad de los puentes, las cúpulas y las torres, mientras se degusta la cocina internacionala.
✉ Tower Park Praha. Mahlerovy sady, 1
📶 www.towerpark.cz/oblaca/
🕐 11.30-24 h. V-D: 9-24 h.

Barrio del Castillo de Praga

Lví Dvůr (C)

Situado en la puerta trasera del Castillo, noble restaurante entre cuya clientela se ha visto a algún presidente de la República. Especialidad el lechón asado.
✉ U Prašného Mostu 6,
☎ 224 372 375
🕐 11-23 h

Al norte del barrio del Castillo de Praga

Hanávsky Pavilon (M)

El Regente es un restaurante tradicional con buenas vistas a la ciudad.
✉ Letenské Sady 173, en el parque Letna
📶 hanavsky-pavilon.cz
🕐 11-24 h

Malá Strana

El Centro (M)

Restaurante de cocina española, por si se siente añoranza de la gastronomía propia.
✉ Maltézské náměstí, 9
☎ 257 533 343
🕐 12-24 h
📶 www.elcentro.cz

U Modré Krachničky (C)

El Ánade Azul tiene fama de servir el mejor pato.
✉ Nebovidská, 6
📶 umodrekachnicky.cz/en/nebovidska
🕐 12-16 y 18-23.30 h

Cafés
Ciudad Vieja

Café Paříž

Magnífico café modernista ubicado en el hotel del mismo nombre.
✉ U Obecního Domu, 1
📶 www.cafedeparis.cz
🕐 8-2 h

Café Slavia

Este café está situado frente al Teatro Nacional, data de 1881 y recoge la tradición praguense de la "absenta", tema del gran óleo que cuelga al fondo del café, firmado por Viktor Oliva.
✉ Smetanovo nábřeží, 2.
📶 www.cafeslavia.cz/en/
🕐 L-V: 8-24 h y S-D: 9-24 h.

Kavarna Obecní dům

En la Casa Municipal. Quizás el más bonito de Praga.

Kavárna. Cafés

Desde Viena, la capital del imperio, llegó también a la provincia de Praga la moda de los cafés. Era una zona franca en la que se mezclaban tirios y troyanos, es decir, checos y alemanes. Fueron crisol de la literatura praguense y mentidero en aquella época de tensiones nacionalistas. Pero, al fin y al cabo, templos de la decadente bohemia burguesa.

Durante la época comunista acabaron cerrándose casi todos. Después de la Revolución de Terciopelo se reabrieron algunos y han logrado recuperar su atmósfera manteniendo buenos precios y servicio al viejo estilo. Actualmente vuelven a estar de moda. Cierran a medianoche, los fines de semana más tarde y no solo tienen carta de cafés, también de comidas.

Knedliky

Se trata de unas bolas blancas del tamaño de una pelota de tenis, hechas con miga de pan, patata, harina, sal, mantequilla, huevos y leche. Normalmente se sirven cortadas en gruesas lonchas como acompañamiento de carnes o aves en salsa (Hauskóve knedliky). Hay muchas variedades: Bramborové knedliky (hechos de patata rallada), Špekové knedliky (con tocino) o los Ovocné knedliky (con fruta), que se sirven de postre, rebozados en pan rallado con canela y azúcar. Especialmente populares son los Švestkovy knedliky, que son de ciruelas.

✉ Nam. Republiký, 1.
🌐 www.kavarnaod.cz
🕐 7.30-23 h.

Kafka Hummus Café
Espacio para tomar un café y algo más, así como para leer, no solo a Kafka.
✉ Široká, 12
☎ 725 915 505
🕐 L-V: 9-22 h y S-D: 10-22 h.

Týnská Literární Kavárna
Café literario en un patio interior en pleno centro de Praga con pequeña carta de comidas.
✉ Týnská, 6
🌐 www.tynska-literarni-kavarna.webnode.cz/
🕐 10-23 h y S-D: 12-23 h.

Grand Cafe Orient
Magnífico café cubista con buena carta de comidas y tentempiés. Interesantes los motivos decorativos.
✉ Dům U Černé Matky Boží
🌐 www.grandcafeorient.cz/en
🕐 L-V: 9-22 h y S-D: 10-22 h.

Ciudad Nueva

Café Louvre
Situado en el primer piso de un viejo edificio, el interior, con magníficos estucados, respira cierto aire de ironía. En este café se reunía un círculo filosófico seguidor de las ideas de Franz Brentano, en el que participaron Kafka y Max Brod.
✉ Národní třída, 20
🌐 www.cafelouvre.cz/en
🕐 8-23.30 h y S-D: 9-23.30 h.

Globe
Buen café, librería de habla inglesa frecuentada por la nueva bohemia norteamericana.
✉ Pštossova, 6
🌐 www.globebookstore.cz
🕐 10-24 h y S-D: 9.30-1 h.

I Need Coffee
Un café para relajarse y ver a los demás en un ambiente distendido con un punto *hipster*. También pueden comerse platos de preparación propia.
✉ Na Moráni, 7
🌐 www.facebook.com/ineedcoffee.cz
🕐 8-20 h y S: 10-17 h

Malá Strana

St. Martin (M)
Muy buena opción para comer algo ligero. Cerca del Castillo de Praga.
✉ Vlasská 7, 118
🕐 L-V: 11.00-22.00 h. S-D: 12.00-22.00 h
🌐 www.stmartin.cz

U Tri jelinku (M)
Acogedor, de comida tradicional, pero sofisticado.
✉ Nerudova, 206/4
🕐 L-D: 10.00-23.00 h
🌐 www.utrijelinku.cz

Pod Vezi (M)
Comida tradicional. Menú del día y platos a la carta.
✉ Mostecka, 58/2
🕐 L-D: 12.00-23.00
🌐 podvezi.choiceqr.com/cz

Terasa u Zlate Studne (C)
Restaurante de comida fusión internacional. Desde

la terraza se puede disfrutar de unas fantásticas vistas de la ciudad.
✉ U Zlate Stunde, 166/4
🕐 L-D: 07.30-10.30 h / 12.00-16.00 h / 18.00-23.00 h
🌐 www.terasauzlatestudne.cz/www

Café Savoy
Tradicional buen café que cuenta con un restaurante de cocina italiana.
✉ Vítězna, 5
🌐 www.cafesavoy.ambi.cz
🕐 8-22.30 h. S y D: 9-22.30 h

Los tres licores checos
Hay tres licores típicos:

Becherovka: En Karlovy Vary se fabrica este licor que lleva el nombre de su inventor (Jan Becher), tiene sabor a digestivo y está hecho a base de 74 hierbas medicinales, con receta celosamente guardada.

Slivovice: Aguardiente de ciruela muy popular, que en muchas ocasiones es de fabricación casera.

Absinta: Licor elaborado con hojas de ajenjo, contiene absentina, un veneno psicodélico que pudre el cerebro y produce alucinaciones. Era el aguardiente de moda entre los artistas de principios del siglo xx y a sus efectos se atribuye, por ejemplo, la pintura de la época Azul de Picasso, la poesía de "Un Viaje al Infierno" de Verlaine y el corte de oreja de Van Gogh. El licor actual, que estuvo prohibido en casi todo el mundo, solo contiene el 20% de la cantidad de absentina que llevaba el antiguo.

Alojarse en Praga

Ciudad Vieja

Josef (C)
Hotel de lujoso y moderno diseño con una excelente ubicación, próximo a la Plaza de la Ciudad Vieja.
- ✉ Rybná, 20
- ⬤ www.hoteljosef.com

Paříž (C)
Construido en 1904, por sus amplias habitaciones, su ubicación y su impoluto estilo modernista, es uno de los mejores de Praga.
- ✉ U obecního domů, 1
- ⬤ www.hotel-paris.cz

U Medvídků (M)
Sencillo hotel instalado en una fábrica de cerveza, que también fue el primer cabaret de la ciudad de Praga, cuyo edificio data del siglo XV. También cuenta con restaurante y por supuesto, una cervecería.
- ✉ Na Perštyně, 5
- ⬤ www.umedvidku.cz

A Plus Hotel Hostal (E)
Buen alojamiento con bar y restaurante. En el hotel, las habitaciones dobles cuestan unos 90 €; en el hostal, alrededor de 30 € por persona en doble, y entre 16-20 € en múltiple.
- ✉ Jindříšská, 901/5
- ⬤ www.aplus-hostel.cz

Hostel Downtown (E)
Albergue juvenil. Habitaciones compartidas y privadas.
- ✉ Narodni, 19
- ⬤ www.hostel-downtown.cz

Hotel Salvator (E)
Hotel con encanto con una ubicación fantástica y precios muy asequibles.
- ✉ Truhlarska, 10
- ⬤ www.salvator.cz

MOODs Charles Bridge (M)
Muy céntrico, a tan solo 5 minutos caminando del Reloj Astronómico.
- ✉ Naprstkova, 274/6
- ⬤ www.moodscharlesbridge.com/en

Allure Hotel Prague (M)
Hotel boutique ubicado en un edificio Art Nouveau de 1909.
- ✉ Bílkova, 854-21
- ⬤ www.allurehotelprague.com

Precios
Los precios son aproximados e incluyen el desayuno:

E: menos de 1500 Cž (60 € aprox.)

M: entre 1500 y 2500 Cž

C: más de 2500 Cž (100 € aprox.)

Desde la Revolución de Terciopelo, han surgido en Praga innumerables hoteles. La oferta dejará satisfecha cualquier expectativa: desde el gran lujo, a las pensiones familiares, buenos hoteles simplemente para dormir o con ambiente histórico para hacer de la visita una experiencia memorable. La oferta para turistas jóvenes (hostales, albergues) es casi inabarcable. Los precios (todavía) aceptables.

Grand Hotel Bohemia (C)

79 habitaciones con un diseño atemporal pero muy cuidado. Todas las habitaciones disponen de bañera y ducha de masaje.

✉ Královdorská, 652/4
🕾 www.grandhotelbohemia.cz

Hotel Kings Court (C)

Lujoso y moderno hotel en el centro. Se puede disfrutar de un servicio de spa.

✉ U Obecního domu, 3
🕾 www.hotelkingscourt.cz

Josefov

Metropolitan Old Town Hotel (E)

Sencillo y bien ubicado. Buena relación calidad/precio.

✉ Hastalska, 20
🕾 www.hotelmetropolitan.cz

Myo Hotel Mysterius (M)

A tan solo 200 m de la estación de metro Namesti Republiky. Buenos precios y buena ubicación.

✉ Masna, 9
🕾 residence-prague-superbyke-masna-9.worhot.com

The Emerald (C)

16 pisos decorados en 6 estilos de diseño diferentes.

✉ Zatecko, 17
🕾 www.emeraldprague.com

Ciudad Nueva

Hotel L'Opera (E)

Tranquilo y céntrico, con habitaciones de 1 a 4 personas.

✉ Ječná, 12
🕾 https://pension-city-center-amp-l-opera.worhot.com

Sophie's Hostel (E)

Hostal reformado, con habitaciones sencillas en un edificio de Art Nouveau.

✉ Melounova, 2
🕾 sophieshostel.com

Royal Court Legerova (E)

Sencillo y con encanto. Admiten mascotas de hasta 15 kg de peso.

✉ Wenzigova, 1873/6
🕾 royalcourthotel.cz/hotel-in-prague

Majestic Plaza Hotel Prague (E)

Tiene dos edificios conectados entre sí. En su mayoría, las habitaciones tienen decoraciones Art Deco y Biedermeier.

✉ Stepanska, 33
🕾 www.hotel-majestic.cz/es

Mosaic House Design Hotel (M)

Diseño y relax a precios muy competitivos.

✉ Odboru, 4
🕾 www.mosaichouse.com/en

Penzion Dientzenhofer (M)

Quizás sea el hotel más histórico de Praga. El inmueble de Malá Strana perteneció a la familia de arquitectos barrocos Dientzenhofer, que construyeron más de 200 edificios en Praga. Renovado en 1993, en la riada del 2002 quedó inundado hasta el primer piso. Dispone de habitaciones hasta para 5 personas.

✉ Nosticova, 2
🕾 https://pension-dientzenhofer.worhot.com/
✉ Hellichova

Nyx Hotel Prague (M)

Este hotel urbano está dotado de una galería de arte callejero local. Además, en todas las habitaciones tienen expuestas audaces obras de arte.

✉ Panská, 9
🕾 www.leonardo-hotels.es/prague/nyx-hotel-prague

Radisson Blu Hotel Prague (C)

Se encuentra en un edificio de estilo Art Nouveau renovado en 2019.

✉ Zitna, 561/8
🕾 www.radissonhotels.com/en-us/hotels/radisson-blu-prague

Malá Strana

Aria (C)

Hotel temático musical. Cada planta homenajea un estilo de música diferente y a los grandes compositores.

✉ Tržiště, 9
🕾 www.ariahotel.net

Hoffmeister (C)

A los pies del Hrad, atmósfera familiar mantenida por

El Hotel París, un palacio dorado

El escritor Bohumil Hrabal (1914-1997) ambienta su novela *Yo serví al rey de Inglaterra*, escrita en 1938 pero publicada tras la Revolución de Terciopelo, en el cafe del Hotel París durante la ocupación alemana de Chequia. Allí trabajaba de camarero su protagonista, un colaboracionista nazi. La novela ha sido llevada al cine por Jiří Menzel.

Las palabras del protagonista están llenas de admiración y respecto por este hotel: "El Hotel París es tan bello que me vuelve loco. Tanto espejo, tanta barandilla de bronce y tanto candelabro de bronce y, encima, tan brillantes, que parece un palacio dorado."

los herederos del caricaturista Adolf Hoffmeister.
✉ Pod Bruskou, 7
🌐 www.hoffmeister.cz

Boutique Hotel Constans (M)
Céntrico hotel boutique a medio camino del Castillo de la ciudad.
✉ Břetislavova, 309.
🌐 www.hotelconstans.com

Vintage Design Hotel Sax (M)
Colorido hotel vintage y de diseño situado en el barrio de las embajadas.
✉ Janský vršek, 328
🌐 www.hotelsax.cz

Hostel Little Quarter (E)
Albergue con habitaciones muy bien cuidadas.
✉ Nerudova, 21
🌐 www.littlequarter.cz

Residence U Čermého Orla (E)
Hotel histórico de decoración clásica.
✉ Mostecká, 279/11
🌐 www.residenceucerne-hoorla.cz

Hotel Waldstein (M)
Dispone de 19 habitaciones con muebles de diseño moderno. Se encuentra en un edificio del s. XIV.
✉ Vald-tejnské nám, 6/19
🌐 www.hotelwaldstein.cz

Hotel Kampa Garden (M)
Situado a poca distancia de varios monumentos de la ciudad.
✉ Sovových mlynu, 9
🌐 www.pytlounkampagarden-hotel.cz/cs

Three Storks (M)
Hotel de estilo renacentista con una apariencia moderna gracias a su decoración de diseño.
✉ Valdstejnske náměstí, 20/8
🌐 www.hotelthreestorks.cz

Alchymist Grand Hotel and Spa (C)
Lujoso hotel con spa, con piscina interior, ubicado en las antiguas bodegas del edificio.
✉ Trziste, 303/19
🌐 www.alchymisthotel.com

Sur de Malá Strana

Red and Blue Design Hotel (M)
Hotel de diseño a los pies de la colina de Petřín.
✉ Holeckova, 13
🌐 www.redandbluehotels.com

Andel's Hotel Prague (M)
Hotel de diseño minimalista y elegante fuera del centro turístico, envuelto en una atmósfera urbana.
✉ Stroupeznickeho, 21

El Hotel de Las Tres Avestruces

Situado casi bajo el Puente de Carlos, por el lado de Malá Strana, fue construido en 1597. El edificio conserva artesonados renacentistas en algunas habitaciones y vigas decoradas en su parte baja.

La casa fue construida por un mercader de plumas de avestruz, codiciadas para abanicos, sombreros de señora y penachos de caballería. En el siglo XVIII, el armenio Deodat Ramajan vendía en el edificio los primeros granos de café de Praga. .

U Tri Pštrosů (M)
✉ Dražického nám 12
🌐 www.utripstrosu.eu
✉ Malostranské Náměstí

Karlovy Vary

Pasar unos días tomando las aguas en los baños del triángulo de oro de Chequia (KarlovyVary, Mariánské Lazně y Františkovy Lázně) puede ser tentador: las ciudades, el paisaje y las excursiones por los alrededores merecen la pena.
Pero además de disfrutar del spa del hotel, hay que nadar en las piscinas de los baños públicos. La mayoría de los hoteles cobra aparte la utilización de sus instalaciones balnearias y ofrece un horario más limitado.

🌐 www.wyndhamhotels.com

Occidental Praha Five (M)
Ubicado en una zona no turística, pero con todo lo necesario para una agradable estancia.
✉ Radlická, 46. Smíchov
🌐 www.barcelo.com/en-gb/occidental-praha-five/

Al norte del barrio del Castillo de Praga

Golden Star (M)
Muy bien situado, está emplazado en un edificio barroco de más de 200 años. En verano se puede hacer uso de la terraza.
✉ Nerudova, 48/171
🌐 www.hotelgoldenstar.cz

Appia Hotel Residences (C)
Habitaciones y apartamentos. Aparcamiento con estación de carga para vehículos eléctricos.
✉ Sporkova, 3/322
🌐 www.appiaresidencesprague.cz

ALREDEDORES DE PRAGA

Karlovy Váry

Grand Hotel Pupp (C)
Desde 1701 sus ilustres huéspedes han disfrutado de los tratamientos de su balneario.
✉ Mírové náměstí, 2
🖥 www.pupp.cz

Hotel Imperial (C)
Desde principios del siglo xx se enorgullece de ser el alojamiento y el spa elegido por grandes personalidades de la época.
✉ Libušina 1212/18
🖥 www.spa-hotel-imperial.cz

Thermal (C)
Moderno hotel céntrico de sobria arquitectura socialista, muy cerca del balneario y del parque. Con todas las comodidades y servicios de termalismo. Tratamientos de belleza, relajación, etc.
✉ I. P. Pavlova, 11
🖥 www.thermal.cz

Karlstejn

Romantický Hotel Mlýn (M-C)
Confortable hotel instalado en un antiguo molino del río Berounká y cerca del castillo.
✉ Karlstejn, 101
🖥 www.hotelmlynkarlstejn.cz

Kolin

Hotel Theresia (E-M)
Moderno y funcional, instalado en el centro histórico de Kolin. Dispone de restaurante, y aparcamiento.
✉ Na Petříně, 991
🖥 www.hoteltheresia.cz

Kútna hora

Chateau Kotěra (M)
Un hotel en un reconstruido hotel a 5 km del centro.
✉ Komenského, 40
🖥 www.hotelkotera.cz

LH Hotel Medinek Old Town (E-M)
Buen hotel, muy funcional.
✉ Palackého nám., 316
🖥 www.medinek.cz/en

Garni Hotel Na Havlíčku (E-M)
Modesto hotelito céntrico.
✉ Havlíčkovo náměstí, 513
🖥 https://garni.hotelykh.cz/

U Vlašškého Dvora (E-M)
Situado en el centro, económico y sencillo.
✉ 28. Října, 511
🖥 https://uvlasskehodvora.hotelykh.cz/

Mělník

Jaro (E)
Pequeño y tranquilo hotel en el centro. Buena relación calidad-precio.
✉ 17.listopadu, 174
🖥 ww.hotel-jaro.cz/en/

U Rytířů (E-M)
Céntrico hotel ubicado en un edificio histórico. Este edificio se compone de siete apartamentos, todos ellos muy bien equipados, pero sin muchos lujos en sus instalaciones.
✉ Svatováclavská, 17
🖥 www.urytiru.cz

Podebrady

Lazensky Hotel Park (M)
Todo el estilo que se supone a los balnearios de tipo "popular" en Europa del este.
✉ Náměstí T.G.Masaryka, 1413/III
🖥 www.lapod.cz/en

Plzeň

Courtyard by Marriott Pilsen (M)
Hotel ubicado muy cerca del centro y también a poco de la fábrica de cerveza que lleva el nombre de la ciudad. Ofrece habitacio-

Boteles

Residir durante la estancia en Praga en un barco atracado en el río puede hacer de la visita un acontecimiento memorable. Recomendamos estos dos, con precios que van desde los 60 a los 120 € por la doble:

Botel Albatros
✉ Nábřeží L. Svobody
🖥 www.botelalbatros.com
Atracado en el muelle del puente Štefanikův Most (el cuarto desde el de Carlos corriente abajo) tiene 83 habitaciones y 3 suites, restaurante y bar. Es el más antiguo.

Botel Admiral
✉ Hořejší nábřeží
🖥 www.admiral-botel.cz
Al otro extremo, tres puentes más arriba del puente de Carlos, entre los puentes Palackého y Železníčni, el Admiral es alojamiento turístico desde hace 30 años.

nes cómodas y tiene más nombre que lujo.
✉ Sady 5. Kvetna, 57
🖥 www.marriott.com/en-us/hotels/prgpz-courtyard-pilsen/overview

Hotel Plzeň (M)
Este hotel es un confortable alojamiento situado muy cerca del centro de la ciudad. Ofrece habitaciones de prestaciones irregulares, ya que algunas son más modernas y otras están más desfasadas. También dispone de apartamentos.
✉ Budilova, 15
🖥 www.hotelplzen.cz/hotel/

Ir de compras

GALERÍAS y GRANDES ALMACENES

**Bíla Labut
(El Cisne Blanco)**
✉ Na poříčí, 23
☎ www.bilalabut.cz
🚇 Florenc

Palác Koruna
✉ Esquina Václavské Nám. /
Na Příkopé
☎ www.koruna-palace.cz/en
🚇 Müstek

Palác Rokoko
✉ Váklavské nám., 38
☎ www.palacrokoko.cz
🚇 Muzeum

Nový Smíchov
✉ Plzeňská, 8
☎ novy-smichov.klepierre.cz
🚇 Anděl

Palladium
Galería comercial de tres
pisos, enfrente de la Casa
Municipal.
✉ Náměstí Republiký, 1
☎ www.palladiumpraha.cz/
en
🚇 Nám. Republiký

**Slovanský Dům
(Casa Eslovaca)**
✉ Na Příkopé, 22
☎ slovanskydum.cz
🚇 Müstek

MERCADOS Y MERCADILLOS

Bleši trh (Rastro)
Gran rastro al norte de Praga, en un terreno industrial.
✉ U Elektry. Kolvenova
🕐 S-D: 6-14 h
🚇 Kolvenova

**Havelský trh
(Mercado de San Galo)**
Se puede encontrar desde
chucherías hasta juguetes,
recuerdos kitsch y artesanía.
✉ Havelská 13. Ciudad Vieja
🕐 L-S: 6-19 h. D: 8-18.30 h
🚇 Müstek

**Pražská Tržnice
(Mercado de Praga)**
Puestos de ropa en los
terrenos de un antiguo
matadero
✉ Bubenské nábřeži, 13
☎ www.holesovickatrznice.cz
🕐 L-S: 8-20 h. 🚇 Vltavská.

MODA

Alberto Guardiani
Calzado italiano.
✉ Pařizská, 24. Ciudad Vieja.
☎ www.albertoguardiani.it

Bohemian Retro
Ropa y complementos *vintage* para hombre y mujer.

✉ Chvalova, 8
☎ www.bohemianretro.com

Leeda
Ropa y complementos
para mujer diseñada en la
República Checa.
✉ Bartolomfjská, 1.
Ciudad Vieja.
☎ leeda.cz

Plaska
Tienda multimarca para
hombres y mujeres que
siguen las tendencias con
moderación.
✉ Plaská 3.
Malá Strana.
☎ www.plaska.cz

Delmas
Aquí se pueden encontrar
bolsos, mochilas, carteras,
billeteras y complementos.
✉ Vodičkova, 704/36.
Ciudad Nueva
☎ www.delmas.cz

Borssini
Bolsos, zapatos, complementos…Tres tiendas en
Praga.
✉ Václavské nám. 15.
Ciudad Nueva.
☎ www.borssini.cz

Klará Nademlýnská
Moda joven de una famosa
modista checa.
✉ Dlouhá, 3. Ciudad Vieja.
☎ www.klaranademlynska.cz/

Cielo
Moda para hombre y mujer
clásica, conservadora y de
buena calidad.
✉ U Prašne Brány, 1-3.
Torre de la Pólvora
☎ www.cielo.cz/en

REGALOS

Local Artists
Recuerdos especiales creados por artistas locales.
✉ Karlova, 21. Ciudad Vieja.
☎ www.localartists.cz

Galerie Kubista
Muebles, libros, lámparas, joyería, cerámica, porcelana, cristal o textil…
- ✉ Casa de la Virgen Negra. Ovocný trh, 19
- 🌐 www.kubista.cz/en

Botanicus
Cadena de tiendas de droguería ecológica: aceites, especias, tés, jabones… y algunos productos de alimentación como mermeladas, té o especias.
- ✉ Týn, 3. Ciudad Vieja
- 🌐 www.botanicus.cz/en/

HRAS
Tienda especializada en juegos de mesa y puzles.
- ✉ Václavské nám. 38
- 🌐 www.hras.cz

MÚSICA

Bazar CD
- ✉ Jungmannova, 25/13.
- 🌐 www.bazar-cd.cz

Musicland
Rock y música autóctona.
- ✉ Nám. Republiky 1. Ciudad Vieja.
- 🌐 www.musicland.eu/

Maximun Underground
Disponen de una gran variedad de vinilos y música actual.
- ✉ Jilská, 452/22
- 🌐 www.maximum.cz

Phono.cz
Tienda especializada en compraventa de vinilos.
- ✉ Opatovická, 156/24
- 🌐 www.phono.cz

Bontonland Megastore Praha
La mayor tienda de accesorios electrónicos y música.
- ✉ Palac Koruna. Václavské Nám., 1. Ciudad Nueva
- 🌐 en.bontonland.cz

JOYAS

Granat Turnov
Granates bohemios. Cuenta con varios establecimientos en Praga.
- ✉ Dlouhá, 28. Ciudad Vieja
- 🌐 www.granat.cz/en/

CRISTAL

Erpet Bohemia Crystal
Situado en el centro de Praga, dispone de una gran variedad de objetos de cristal, además de porcelana y joyería.
- ✉ Staromfstské nám. 27. Ciudad Vieja
- 🌐 www.erpetcrystal.cz

Dana Bohemia
Cristal de Bohemia, porcelana y artículos de decoración realizados en la República Checa.
- ✉ Národní 43. Ciudad Vieja.
- 🌐 www.danabohemia.cz

Český Porcelán
Vajillas de porcelana bohemia.
- ✉ Perlóva, 1. Ciudad Vieja
- 🌐 www.cesky.porcelan.cz/en

Moser Crystal
La mejor tienda de cristal de Praga.
- ✉ Na Příkopě, 12. Ciudad Nueva
- 🌐 www.moser.com/en

JUGUETES

Pohádka (Cuentos)
Se pueden encontrar marionetas del soldado Svejk, muñecos, animales… Juguetes clásicos y también coleccionables.
- ✉ Celétná, 32. Ciudad Vieja
- 🌐 www.ceskehracky.com

Sparkys
Juguetería con un gran surtido de muñecos y juegos actuales.
- ✉ Havířská, 2. Ciudad Vieja
- 🌐 www.sparkys.cz

V Ungeltu
Juguetes de madera y marionetas.
- ✉ Týn, 10. Ciudad Vieja

ARTESANÍA

Manufaktura
Utensilios de madera, cerámica, telas, huevos de pascua, velas… Una gran variedad de objetos.
- ✉ Melantrichova, 17. Ciudad Vieja
- 🌐 www.manufakturashop.com

Sanu Banu
Hilaturas finas, linos artesanales, arte y muebles de procedencia asiática.
- ✉ 22 1024, Argentinská
- 🌐 www.sanubabu.cz

Llevar a los niños

Petřín (▶83)
La subida en funicular al parque en la cima y las atracciones (la torre, el laberinto de los espejos y el observatorio), puede ser un buen entretenimiento para los niños.

Recinto de Výstaviště
A las puertas del recinto hay un pequeño parque de atracciones infantil y una exposición sobre el Mundo del Mar.

Zoo de Praga (Zoologická Zahrada)
Troja, U Trojského zámku, 120/3. www.zoopraha.cz Apertura a las 9 h. La hora de cierre es variable.

Jardín Botánico
Troja, Nádvorní 134 www.botanicka.cz

Subir a las torres de Praga
Las dos torres del puente de Carlos IV.
Torre del ayuntamiento de la Ciudad Vieja.
Puerta de la Pólvora.
Torre de San Enrique.
Torre de Televisión.

Travesía por el río Moldava

Evropská vodní doprava
Nabreží Na Frantiskú (Muelle del puente Cechův Most, al final de la calle Parižská). Barcos panorámicos. www.evd.cz/en

Pražská paroplavební společnost
Rasinovo Nabreží (entre los puentes Palackého y Jiraskuv, casi al pie del Viserhrad); www.prague-steamboats.com

Cruise Prague
Jindrisská 24. www.parniky-praha.eu

Paseos turísticos amenizados

Ekoexpress: Trenecillo que da paseos desde la plaza de la Ciudad Vieja. www.ekoexpres.cz/
Tranvía histórico 41; www.dpp.cz/en/

Museos para niños

Museo Etnológico: (▶63)
Museo del puente Carlos: (▶22)

Museo Lego: Národní, 31. 10-20 h. www.museumof-bricks.cz/en
Madame Tussauds Praga: Celetná, 6.10-21 h. www.madametussaudsprague.cz
Museo de la Tortura Medieval: Krizovnicke nám., 1. Puente de Carlos.10-20 h. www.museumtortury.cz
Choco Story Praga: Celetná, 10.9.30-19 h. www.choco-story-praha.cz.

Piscinas

Aquapark Barrandov
K Barrandovu 8. Los horarios que tienen varían según el día de la semana y el mes del año; www.aquadream.cz

Marionetas

Národní Divadlo Marionet
Teatro de marionetas en el que se incluyen piezas como *Don Giovanni* o *La flauta mágica.* Los jueves se puede conocer su backstage a través de un recorrido guiado.
✉ Žatecká, 1. Ciudad Vieja
☏ www.mozart.cz

∎ Divertirse

Ópera y ballet

Teatro Nacional
✉ Národní, 2. Ciudad Nueva
🏠 narodni-divadlo.cz/en/
national-theatre

Ópera Estatal
✉ Wilsonova, 4.
Ciudad Nueva
🏠 narodni-divadlo.cz/en/
opera

Teatro de los Estamentos
✉ Ovocný thr, 1. Ciudad Vieja
🏠 narodni-divadlo.cz/en/
estates-theatre

Teatro negro

HILT
✉ Retezova 7
🏠 www.black-light-theatre.
com

Black Light Theatre Srnec
Antología de los espectá-
culos de Jiří Srnec, el au-
tor más famoso de Teatro
Negro.
✉ Palác Savarin,
Na Příkope 10
🏠 www.srnectheatre.com

**Image.
Black Light Theatre**
Divertidos mimos con efectos propiamente del teatro
negro.

✉ Národní, 25
🏠 www.imagetheatre.cz/es/

Laterna Magika
✉ Národní, 4. Ciudad Nueva
🏠 www.narodni-divadlo.cz/
en/ensembles/laterna-
magika

Ta Fantastika
✉ Karlova, 8.
Ciudad Vieja
🏠 www.tafantastika.cz

Musicales

Divadlo Broadway
✉ Na Příkope, 31
🏠 www.divadlo-broadway.cz

Divadlo Hybernia
Importante teatro musical.
✉ Nám. Republiký, 4.
Ciudad Vieja
🏠 www.hybernia.eu

Divadlo Kalich
✉ Jungmannova, 9
🏠 www.divadlokalich.cz

Teatro Musical Karlin
✉ Křižikova, 10
🏠 www.hdk.cz

Cines

**Cinema City
Slovansky dum**
✉ Na Příkopě, 22
🏠 www.cinemacity.cz/
cinemas/slovanskydum

Kino Lucerna
Merece la pena entrar
aunque solo sea para ver
el salón.
✉ Vodičkova, 36.
Pasaje Lucerna
🏠 www.lucerna.cz/en/

Kino Ponrepo
Cine perteneciente a la filmoteca nacional checa donde se proyectan películas de su catálogo.
✉ Bartolomejbská, 11
☎ nfa.cz/en

Jazz en vivo

AghaRTA Jazz Centrum
Sótano abovedado en el que suele sonar buena música. Los conciertos comienzan hacia las 21 h.
✉ Železná, 16
☎ www.agharta.cz

Jazz club U Staré Paní
El Club *La Vieja Señora* ofrece actuaciones de jazz de las últimas tendencias, pero también tradicional. Restaurante.
✉ Michalská, 9
☎ www.ustarepani.club/cs

Jazz Dock
Situado en la orilla del río Moldava, en el barrio de Smíchov, apuesta por el clasicismo y las nuevas tendencias de jazz y blues.
✉ Janáckovo nábr. 2
☎ www.jazzdock.cz/en/

Jazz Republic
Fundado en 1997, en su programa predominan los músicos checos. Además de jazz se puede disfrutar de blues o música electro acústica.
✉ Jilská 1a.
   Ciudad Vieja.
☎ www.jazzrepublic.cz/en

Lucerna Music Bar
Situado en el pasaje Lucerna, con una variada oferta musical.
✉ Vodičkova, 36
☎ www.musicbar.cz/en/

Reduta
En 1957 fue el primer club de jazz fundado en Centroeuropa. También ha acogido teatro experimental. Cuenta con una excelente programación no solo de jazz, sino también de otros géneros como blues, soul o rock.
✉ Národní třída, 20
☎ redutajazzclub.cz/en

Rock café
El club más antiguo de Praga que cuenta con distintos espacios, entre ellos, uno dedicado a la programación de conciertos.
✉ Národní Třída, 20
☎ www.rockcafe.cz/en/

U Malého glena
Bar y restaurante que también es además de club de jazz y de blues. Los conciertos que ofrecen comienzan alrededor de las 21 h.
✉ Karmelitská, 23
☎ malyglen.cz/en/

Gays y lesbianas

Algunos bares gay recomendables son el **Club TerMIX**, Trebízského 4a, www.club-termix.cz. Es un local para gays que organi-

Jazz por el río

Asista a un concierto de jazz y cene mientras da un paseo en barco por el río Moldava.

Jazzboat Kotva
✉ Muelle núm 5 del puente Čechův Most
☎ www.jazzboat.cz/en/

La excursión musical cuesta entre 25-30 € y dura dos horas y media, a partir de las 20.30 h. El precio incluye el paseo y una bebida.

za fiestas temáticas. Abre de 22 a 6 h, de X a S. En la localización del antiguo club Valentino, en Vinohradská, 40, se encuentra el **club TerMax**, ideal para los aficionados a la música electrónica. V y S de 22 a 6 h. El principal centro gay de la ciudad es la calle Vinohradská.

Discotecas, bares, clubs

DeJaVu Music Club
Bar y club de música situado en la Ciudad Vieja que organiza fiestas temáticas.
✉ Jakubská 6
☎ www.dejavuclub.cz/en/

Teatro Negro

Praga es la capital del teatro negro, una representación muda basada en efectos de luz. El escenario está a oscuras y ante la caja negra, iluminados con luz fluorescente, solo se ven fragmentos de objetos y actores cubiertos de colores fosforescentes. En este medio, los bailes y acrobacias producen efectos surreales. La Laterna Mágica es una compañía de teatro negro que ademas integra el cine en sus representaciones. Todo un clásico que no hay que perderse.

Klub Lávka
Junto al puente de Carlos, cuenta con un amplio horario. Es un espacio que funciona como restaurante, bar, sala de conciertos, club…
- ✉ Novotného Lávka, 1
- ☎ www.lavka.cz/en/

Roxy
Discoteca experimental con música funk, rock, indie, electrónica; con performances y más…
- ✉ Dlouhá, 33
- ☎ www.roxy.cz/en/

Vagon Music Pub & Club
Música rock y pop. También programa conciertos.
- ✉ Palác Metro, Národní 25
- ☎ 187110.w10.wedos.ws/

Tretter's Cocktail Bar
Club americano.

- ✉ U kolkorné, 3
- ☎ www.tretters.cz

Zlátý Strom
Es el club en el hotel *U Zlatého Stromu*. Fundado en 1994 un sitio para divertirse.
- ✉ Karlova, 6
- ☎ www.zlatystrom.com

Vinohrady y Žižkov

Por la noche, mientras los turistas se quedan en el centro de Praga, los praguenses se divierten en barrios como Vinohrady y Žižkov.
Son barrios burgueses vecinos al centro y que están a un cuarto de hora a pie, subiendo por detrás del Museo Nacional.
En las calles cercanas a las estaciones de metro

Náměsti Miru o Jiřího z Poděbrad hay donde elegir: **Fermé** (Lucemburská, 11), un bar de cócteles, o, pasada la **torre de la Televisión**, el **Palac Acrópolis** (Kubelikova, 27), un club de varios pisos y enorme popularidad con buen programa de conciertos. **Pivotéka Pivo a párek** (Korunni, 105), una cervecería tradicional.
En **Radost FX** (Bělehradská, 120), un restaurante vegetariano, *lounge* y club, se celebran fiestas extravagantes, donde la decoración excéntrica y la gente guapa abunda.

ESCAPE ROOM
Ciudad Vieja

The Chamber
- ✉ Petrské nám. 1186/1
- ☎ www.thechamber.cz

Ciudad Nueva

MindMaze Prague
- ✉ Tyrsova, 9
- ☎ www.mindmaze.cz

Reactor Scape
- ✉ Panská, 1/6
- ☎ strachpodprahou.cz/en/reactorescape/

▮ Calendario de fiestas

Enero
Conciertos de Año Nuevo. De todos, el más famoso es el de la Casa Municipal.

Febrero
Baile de la Ópera
Kermesse de San Matías en Výstáviště.

Marzo
Febiofest: Festival de cine. www.febiofest.cz/en/
One World: Festival de cine documental de Derechos Humanos (varias localizaciones).

Abril
A principios de abril: **Carrera Media Maratón de Praga**.
Festival de música de cámara en el convento de Santa Agnes
Mercados de Pascua en la Plaza Vieja y Plaza Wenceslao

Mayo
Primavera de Praga: Festival de Música internacional clásica y moderna en todos los teatros e iglesias de Praga.
Día 8: Liberación de Praga de 1945.
Khamoro: Festival de cultura gitana romaní. Música, jazz, folklore y arte. www.khamoro.cz/en/
Feria del libro.

Junio
Tanec Praha (Festival de danza en Praga): Se celebra en el teatro Ponec, y en las principales ciudades checas.
Entre junio y septiembre se celebra en el Castillo el **Festival de teatro de Shakespeare.**

Julio
Festival de Folklore: Música, y bailes en varias localizaciones. praguefestival.cz/folklore.

Septiembre
Otoño de Praga: Música y teatro con grupos internacionales en el Museo Smetana y el Rudolfinum.

Struny podzimu (cuerdas de otoño): Festival de música de cuerda. Música clásica y también contemporánea. www.praguesounds.cz/cs/uvod
Festival de películas musicales. www.filmmusicprague.com.

Octubre
Festival de literatura. Un evento imprescindible para los amantes de la literatura.

De octubre a diciembre
"Cuerdas de Otoño": Festival de música clásica en el Castillo de Praga.

Noviembre
El 17 es el Día del Estudiante. Conmemoración de la Revolución de Terciopelo en la Plaza Wenceslao.

Diciembre
24-26: Navidad.
Día 26: Carreras de natación en el Vltava (Teatro Nacional).

Información práctica

▌Direcciones de interés

Embajada de la República Checa en España

✉ Avenida Pío XII, 22-24. 28016 Madrid

☎ 91 353 18 80

🌐 www.mzv.cz/madrid

Oficina Nacional Checa de Turismo

✉ Avda. Pío XII, 22-24. 28016 Madrid.

☎ 91 359 25 27

🌐 madrid@czechtourism.com / www.visitczechia.com/en-us

🕐 10-14 h

Embajada de España en Praga

✉ Badeniho, 4; Praga 7- 17000.

☎ (00 420) 233 097 211; fax: 233 341 770 y 233 340 813;

🌐 emb.praga@maec.es

ANTES DE PARTIR

▌Requisitos para el viaje

Los ciudadanos españoles pueden viajar a la República Checa provistos de pasaporte o DNI. No es necesario visado y no existe ninguna vacuna obligatoria.

▌Cuando ir

Temperaturas:

Enero	-1°
Febrero	1°
Marzo	4°
Abril	9°
Mayo	13°
Junio	16°
Julio	18°
Agosto	17°
Septiembre	14°
Octubre	9°
Noviembre	3°
Diciembre	0°

▌Lo que hay que llevar

No hay dificultades para moverse por Praga si se habla inglés. En algunos hoteles y oficinas de turismo atienden en español, pero un diccionario checo-español nunca está de más. No hay que olvidar jerseys, calcetines, chubasquero, zapatos cómodos y bañador. Si hay que reponer algo, los precios son baratos.

▌Moneda

La moneda checa es la corona checa (CZK), koruna česká (Kč). A pesar de ser miembro de la Unión Europea, la República Checa todavía no ha adoptado el euro. Se emiten billetes de 100, 200, 500, 1000, 2000, 5000 CZK y monedas de 2, 5, 10, 20 y 50 CZK. El cambio aproximado es 1 € = 25,07 CZK (agosto de 2024).

Hay numerosas **oficinas de cambio** en Praga, en el centro, en el aeropuerto y en las principales estaciones de tren y autobús. Tras comparar los tipos de cambio en oferta y no olvide preguntar sobre la comisión.

Los **bancos** ofrecen mejores condiciones. Hay que procurar no cambiar en la calle porque se corre el riesgo de ser víctima de un timo. Las **tarjetas** de pago, especialmente *Visa* y *Mastercard*, suelen ser aceptadas en las tiendas, hoteles y restaurantes de la ciudad por lo que es una buena manera de pagar sin tener que cambiar o llevar coronas.

En las zonas turísticas, bancos, centros comerciales grandes y en las estaciones de metro, hay numerosos cajeros. La mayoría aceptan las tarjetas de pago más frecuentes a nivel internacional.

En la mayoría de los locales comerciales de Praga no existe ningún problema para pagar en euros. Sin embargo, es recomendable hacer las compras en coronas checas porque saldrán más baratas.

❙ Pérdida de tarjetas de crédito:
Eurocard, Mastercard, Visa. ☎ 272 771 111
Diners Club. ☎ 267 197 450
American Express. ☎ 222 800 222
Objetos perdidos. ☎ 224 235 085

❙ Hora oficial
Chequia tiene la misma hora que el resto de Europa Central, con los mismos cambios de horario en verano y en invierno.

❙ Del aeropuerto al centro
En las siguientes páginas web encontrará toda la información al respecto.
Info general: www.dpp.cz/en/travelling/transport-to-airport
Info detallada de autobuses y horarios de Praga al aeropuerto: www.dpp.cz/en/travelling/transport-to-airport/daytime-operation
Los buses 100, 119, 191 y AE (los express hacen el recorrido en media hora) que van de la ciudad al aeropuerto suelen pasar con una frecuencia de 10 minutos y el precio medio del billete es de 60 Kč.

DURANTE LA ESTANCIA

❙ Aeropuerto
En octubre de 2012 el aeropuerto Ruzyně fue rebautizado como **Aeropuerto Václav Havel de Praga,** en honor del primer presidente posterior a la Revolución Terciopelo.
Está situado a 17 km del centro de la ciudad, en el extremo noroeste. Se tarda en llegar alrededor de unos 20-25 minutos en coche o unos 55 minutos en transporte público. Es el aeropuerto de más tráfico aéreo no solo de la República Checa sino de toda Europa Central y Este.
Casi todas las compañías aéreas mantienen conexiones directas entre Praga y diferentes ciudades españolas, y es fácil encontrar buenas ofertas. **www.prg.aero**.

❙ Páginas web de interés
www.espanol.radio.cz
www.prague.eu/es
www.visitczechia.com/en-us
www.czechspecials.cz

❚ Llegar en autobús

Los autobuses salen de varias estaciones, siempre cercanas a una estación de metro y al aire libre. De la **estación de Florenc** (Krizíkova, metro Florenc) salen los autobuses hacia España. www.florenc.cz. Parada Zelivského (Izrealská, metro Zelivského), parada Na Knizeci (calle Nádrazní, metro Andul), parada Holesovice (en la estación de Holesovice, metro Holesovice).

❚ Estaciones de ferrocarril

En Praga hay dos estaciones internacionales: la **estación central** (Hlavní Nádraží o Wilsonovo Nádraží) y la **Nádraží Holešovice** (calle Partyzanska). Ambas están conectadas por metro (línea C). Hay otras dos estaciones regionales: **Masarykovo Nádraží,** en Hybernská (metro námustí Republiky), y la estación del barrio de Smíchov, **Smichovské Nádraží** (Nadrazní, metro línea B).

❚ Transportes públicos

Desde el centro a cualquier punto de la ciudad, incluso el extrarradio, no se tarda más de media hora. Para niños, bicis y equipajes pesados hay que sacar un billete extra de 16 Kč. Los niños menores de seis años y los mayores de 70 años viajan gratis.
En la siguiente web pueden consultarse las tarifas www.dpp.cz/en/fares-in-prague
Un billete sencillo de adulto tiene un precio de 32 Kč y vale por 90 minutos. Uno de tres días cuesta 310 Kč
El **metro** funciona desde las 5 h de la mañana hasta la medianoche, con una frecuencia de hasta dos minutos en hora punta. Tiene tres líneas A (verde), B (amarilla) y C (roja). Hay un andén por línea, que es central y desde el que se accede a los dos sentidos de la línea.

❚ Taxis

Los taxis deben llevar número de licencia, nombre de la empresa y lista de precios. Hay que pedir el taxi por teléfono e informarse del precio de la carrera. Los precios fuera del centro urbano no tienen control alguno, aunque hay tarifas: en el núcleo urbano, 40 Kč por bajada de bandera, 28 Kč por kilómetro recorrido y 6 Kč por minuto de espera. Es recomendable pedir los taxis desde la recepción del hotel.
Entre las empresas con servicio de taxi-non-stop: *Radio taxi AAA* (telf. 222 333 222. www.aaataxi.cz/en), *Modry* (telf. 737 222 333. www.modryandel.cz/en/for-clients, *Tick Tack* (telf. 721 300 300. www.ticktack.cz) y *Taxi Praha* (telf. 222 111 000. www.levnejsi-taxi.cz). No

hay dificultad en pedirlos por mensaje (en inglés). El precio "oficial" de un taxi, desde al aeropuerto a la Plaza de San Wenzeslao, puede oscilar entre 650-700 Kč.

Electricidad

La red eléctrica en la República Checa tiene una tensión de 230 V y frecuencia de 50 Hz. El enchufe tiene dos agujeros redondos y una espiga redonda. Si usted tiene, p.ej., un cargador universal, le bastará un conector sencillo con su sistema en una parte y con el sistema checo en la otra parte.

Si su electrodoméstico trabaja con una tensión, o eventualmente una frecuencia diferente, necesitará un adaptador más complejo. Se puede comprar fácilmente o alquilarlo en el hotel.

Conducir en Praga

Para circular por algunas autopistas y autovías checas es necesario **pagar.** En las gasolineras y oficinas de correo se pueden comprar los adhesivos que hay que pegar en la luna delantera del coche para que sean visibles a las autoridades.

Son válidos desde el 1 de diciembre hasta el 31 de enero del año siguiente y su precio es de 1.500 Kč por 14 meses o 310 Kč por diez días. En los tramos que no es necesario dicho pago hay señales con la inscripción "BEZ POPLATKU", suelen ser los aledaños a los núcleos urbanos.

La **velocidad** en casco urbano está limitada a 50 km/h, en carretera a 90 km/h y en autopista o autovía a 130 km/h. Los tranvías siempre tienen preferencia. Es obligatorio llevar el cinturón de seguridad, está prohibido utilizar el móvil al volante, hay que llevar la luz encendida todo el día en invierno, fuera del casco urbano, y el porcentaje permitido de alcohol es absolutamente nulo: 0,0 por mil.

Hay **gasolineras** abiertas día y noche. Los precios son un 30 por ciento más baratos que los españoles, alemanes o austríacos.

Los **parquímetros** funcionan con monedas de 10 Kč y suelen costar ese precio por cada media hora. En Praga casi todo el centro está reservado a residentes, y así se indica en carteles y con líneas azules o amarillas. Hay aparcamientos vigilados que cuestan a partir de 20-50 Kč por hora y hasta 200-7.000 Kč por 24 horas. Pero tampoco allí conviene dejar cosas de valor en el coche.

Alquiler de vehículos

Los coches no se alquilan a menores de 21 años ni a personas que se hayan sacado el carné de con-

Agencias de alquiler de coches

Las agencias en el aeropuerto de Praga están abiertas de 8 h a 22 h. He aquí algunas:

Avis
✉ Terminal 1
☎ 235362420
🖰 www.avis.cz

Budget
✉ Terminal 1
☎ 220 560 443
🖰 www.budget.cz

Europcar Car
✉ Terminal 1
☎ 220 113 207
🖰 www.europcar.com/cs-cz

Sixt Car
✉ Terminal 1
☎ 222 324 995
🖰 www.sixt.cz

ducir en el año corriente. Los precios no incluyen la gasolina.

El periodo mínimo de alquiler son 24 horas. Si al devolver el coche se ha sobrepasado el plazo de 24 horas en 60 minutos, cobran otro día entero. El coche más pequeño en temporada baja y por 15 días cuesta entre 15-18 € al día.

❙ Oficinas de información y turismo

Aeropuerto L. Ruzynu, terminal 1 y 2, (de 7 a 21 h).
Ayuntamiento de la Ciudad Vieja, Staromfstská namfsti, 1 (ene-feb: 9-18 h. Mar-dic: 9-19).
Plaza de Wenceslao (10-18 h).

❙ Horarios

Los **centros comerciales** y las **grandes superficies** suelen estar abiertas de 8/9 h a 20/21/22 h de lunes a sábado. Muchos de ellos abren también los domingos. Las **tiendas más pequeñas** abren de 7/8 h a 18/19 h de lunes a sábado.

Los **bancos** suelen estar abiertos en días laborales, según sus horarios. Las sucursales más frecuentadas en el centro suelen estar abiertas hasta más tarde. El acceso a los cajeros está asegurado siempre 24 horas al día. El horario habitual es de 9 a 17 h.

❙ Correos

El proveedor principal de servicios de correo en la República Checa es la empresa Česká pošta. www.postaonline.cz. Entrega los envíos a todo el mundo. Las oficinas de correos suelen abrir, habitualmente, de lunes a viernes, de 8 a 18/19 h. Aparte de la empresa de correos estatal, existe una red de empresas de paquetería y mensajería que intentan asegurar a sus clientes la entrega más rápida posible de sus envíos. Los buzones tienen los colores naranja o naranja y azul. Algunas compañías prestan el servicio de correo-express: DHL (❘ www.dhl.com/cz-cs), UPS (❘ www.ups.com) y TNT (❘ www.tnt.com).

❙ Teléfonos

El prefijo internacional de la República Checa es +420 (00420). Dan toda la información sobre los números de teléfono extranjeros y checos en el telf. 1188 (seznam.1188.cz). Las llamadas a las líneas telefónicas de información de varias empresas e instituciones estatales de la República Checa, que empiezan con la cifras 800, son gratis.

En lo referente a los teléfonos móviles, el final del "roaming" llegó en junio de 2017. Desde entonces todo operador europeo está obligado a cobrar a sus clientes por las llamadas que realicen desde la Unión Europa como si fueran nacionales.

En caso de no llevar su teléfono móvil, es posible llamar desde una cabina telefónica.

Se pueden encontrar generalmente en los centros de las ciudades, cerca de las estaciones, correos, en los centros comerciales, etc.

Para poder utilizarlo hace falta tener cambio o la tarjeta de prepago.

▌Prague Card

Incontables galerías de arte nuevas y museos privados de limitado interés, iglesias que ya no tienen acceso libre, la colección de la Galería Nacional repartida en distintos palacios y museos (cada siglo en uno) y las grandes areas monumentales como el Castillo y el Museo Judío demuestran que Praga explota al máximo su potencial turístico y puede dejar en el visitante la desagradable impresión de que está todo el día pagando.

Es recomendable y rentable adquirir la **Prague Coolpass** (www.praguecoolpass.com). Por 1.810 Kč (por tres días) se podrá entrar a los museos estatales y municipales y conseguir rebajas en audioguías y visitas guiadas.

También existen las modalidades de dos y cuatro días, todas ellas para adultos o niños/estudiantes. Se compra en las oficinas de turismo, agencias de viaje, estaciones y también online.

▌Gays y lesbianas

Ya en tiempos socialistas Praga y Budapest tenían fama de ser "Eldorado" de la libertad sexual, y siguen igual. Lesbianas y homosexuales no tienen problemas en ningún bar. Las páginas web www.lesba.cz y www.travelgay.com/gay-map-of-prague ofrecen mucha información al respecto y útiles links.

▌Aseos públicos

Son una de las cosas que mejor funcionan en la República Checa. No hay barrio ni pueblo sin servicios públicos suficientemente limpios y cada vez más modernos. En el centro de Praga existen varios servicios públicos situados junto a las atracciones de mayor intéres.

Dado que la guardiana no recibe sueldo, se suele pagar un precio, normalmente 5-10 Kč por utilizar el servicio. El símbolo general es WC, si hay que preguntar, se pregunta por "toalety"; las mujeres han de ir al cartel de "dámy" o "zeny", y los hombres al de "muzi" o "páni".

❙ Idioma

El checo es un idioma eslavo escrito con letras latinas. Para simular la pronunciación del alfabeto eslávico se ha añadido una larga lista de letras al alfabeto latino habitual. Aparte del checo –que nadie espera que el turista hable–, nos podremos entender en inglés, sobre todo con los jóvenes y la gente relacionada con el turismo. Casi toda la gente mayor sabe alemán. Para estancias de más de tres días es recomendale comprarse un pequeño diccionario, porque, si alguna vez se sale del circuito turístico, puede que nadie hable otro idioma más que checo.

Términos de cortesía

sí	Ano	hola	Ahoj
no	Ne	adiós	Ahoj
gracias	Děkuju	hasta luego	Brzy nashledanou
de nada	Nenízac	hasta mañana	Nashledanou zítra
perdone	Omlouvám se	muchas gracias	Děkuju mockrát
por favor	Prosím	disculpe	Promiňte
buenos días (de día)	Dobré ráno	todo	Všechno
buenas tardes	Dobrý večer	nada	Nic
buenas noches	Dobrou noc	de acuerdo	Okay

Vajilla

abrebotellas	otvírák	copa	sklenice
azucarero	cukřenka	cubiertos	příbor
bandeja	podnos	fuente	mísa
botella	láhev	mantel	ubrus

Restaurante

fresco	čerstvy	tierno	jemny
frito	smaženy	guisado	dusit
gratinado	zapečeny	estofado	dušeny
a la parrilla	grilovany	relleno	nadívany
caliente	horky	con mayonesa	s majonězou
en vinagre	v octu	muy hecho	dobře propečeny
jugoso	šťavnaty	al vapor	vařený v páře
adobado	nakládany	en su punto	dobře provařeny
escalfado	vařeny	pasado por agua	napůl uvařený
asado	pečeny	hervido	vařeny
salteado	osmaženy	salado	nasolený
sazonado	okořeněny	soso	nechutny
ahumado	uzeny	crudo	syrovy

Tipos de establecimientos

carnicería	řeznictvi	librería	knihkupectvi
charcutería	uzenářstvi	mercado	trh / tržište
comercio	obchod	mercería	galanterie
confitería	cukrárna	óptica	optika
droguería	drogerie	panadería	pekařstvi
estanco	trafika / tabák	papelería	papírnictvi
farmacia	lěkárna pantalón	pastelería	cukrárna
ferretería	železářstvi	peletería	kožešnictvi
floristería	květinářstvi	perfumería	parfuměrie
frutería	obchod s ovocem	pescadería	rybárna
joyería	klenotnictvi	relojería	hodinářstvi
juguetería	hračkářstvi	tienda	obchod
lavandería	prádelna / čistírna	tienda de ropa	obchod s oblečením

Sanidad

En la República Checa existen centros de sanidad estatales y privados. La mayoría tienen acuerdos con compañías de seguros para proporcionar y pagar la asistencia médica y ofrecen la asistencia imprescindible (con un copago establecido por ley).

La **Tarjeta Sanitaria Europea** (EHIC) es necesaria para poder gozar de asistencia médica en la República Checa. Esta tarjeta individual certifica el derecho de su titular a recibir las prestaciones sanitarias que sean necesarias, durante una estancia breve en cualquiera de los países integrantes de la Unión Europea. La Tarjeta Sanitaria Europea se puede solicitar online o en cualquiera de las oficinas de la Seguridad Social en España (www.seg-social.es). Se manda a domicilio en un plazo no superior a 10 días desde la tramitación.

Para comprar medicamentos es necesario presentar la receta médica. Las recetas del servicio de emergencias es válida el día de emisión y al siguiente, la de antibióticos es válida solamente durante tres días, las demás son validas una semana. Se pueden comprar medicamentos para la gripe o resfriado y otros medicamentos parecidos sin receta médica.

Viajeros discapacitados

Los viajeros con discapacidades lo tienen un poco complicado en Praga. Las calles adoquinadas y los innumerables escalones hacen imprescindible una ayuda. En el transporte público, solo las últimas estaciones construidas (Florenc, Hlavní Nádrazí y Muzeum) y las estaciones terminales de las afueras y Vysehrad disponen de ascensores.

En la web www.accessibleprague.com se puede encontrar información útil para saber que monumentos, museos y otros lugares de interés están libres de barreras arquitectónicas.

Índice de lugares

Planos
de la
ciudad

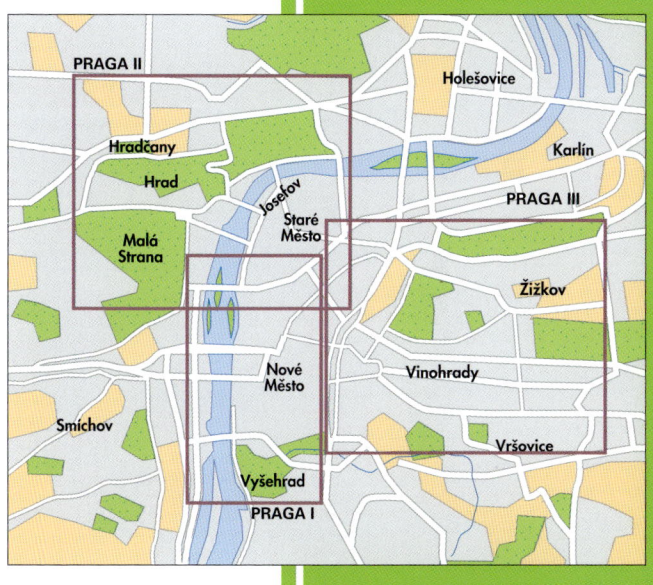

PRAGA II

Holešovice

Hradčany

Karlín

Hrad

Josefov

PRAGA III

Staré
Město

Malá
Strana

Žižkov

Nové
Město

Vinohrady

Smíchov

Vršovice

Vyšehrad

PRAGA I

SIGNOS CONVENCIONALES

Edificios importantes

Otros edificios

Parques y jardines

Cementerio cristiano

Ferrocarril

Acceso al metro
y nombre de la estación

Información

Aparcamiento

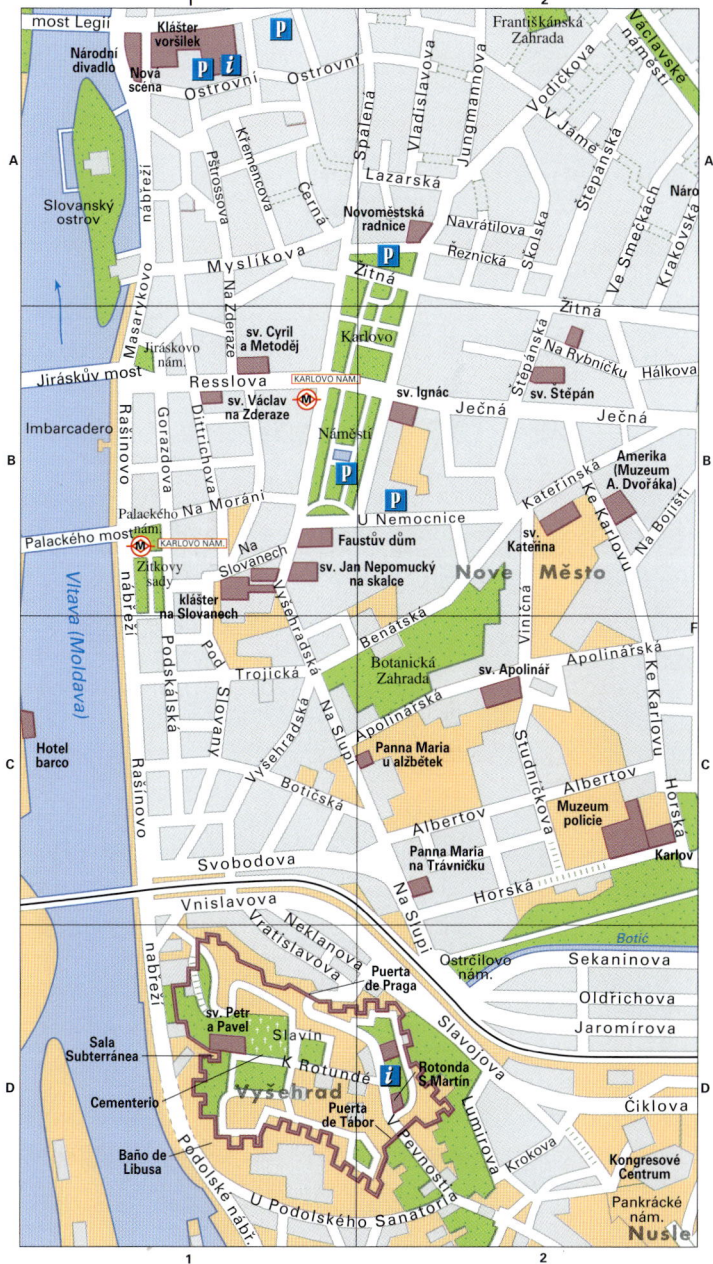

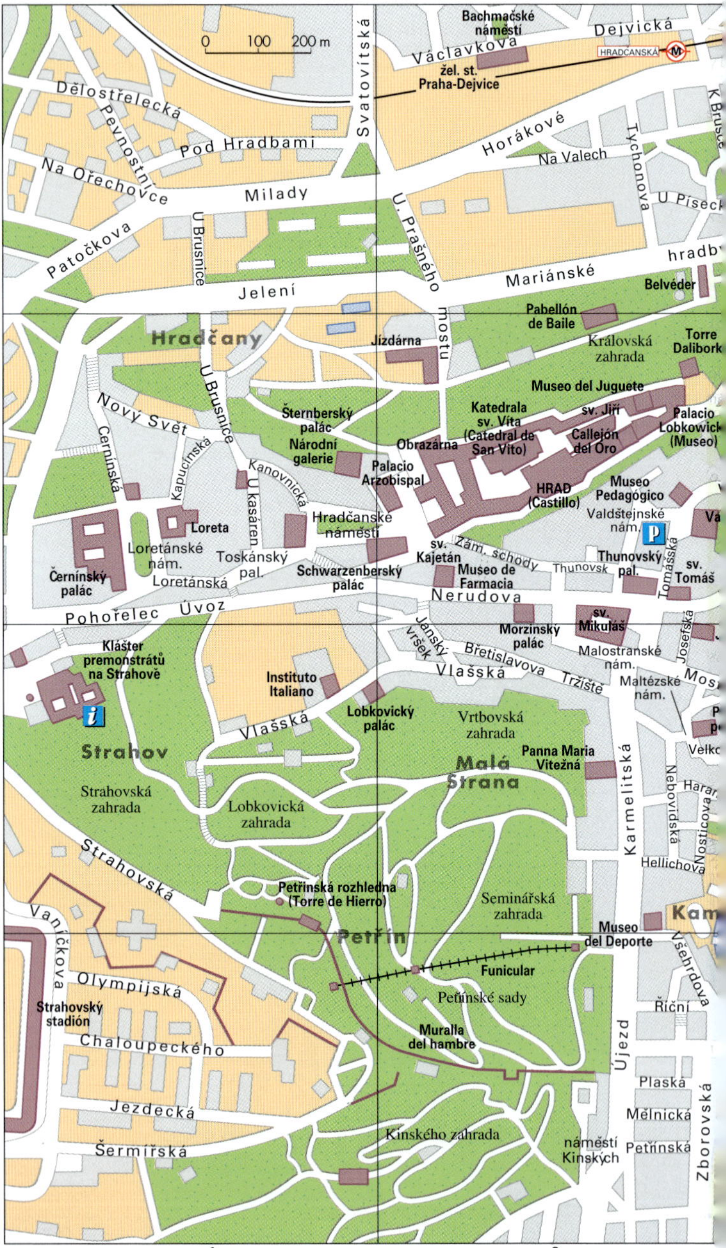

Bachmačské náměstí

Dejvická

Václavkova

HRADČANSKÁ Ⓜ

žel. st. Praha-Dejvice

Dělostřelecká

Pevnostní

Pod Hradbami

Svatovitská

Horákové

K Brusce

Na Ořechovce

Milady

U Prašného

Na Valech

Tychonova

U Písek

A

Patočkova

U Brusnice

Jelení

Mariánské

hradb

Belvedér

Hradčany

Jízdárna

Pabellón de Baile

Královská zahrada

Torre Dalibork

Nový Svět

Černínská

U Brusnice

Kapucínská

Šternberský palác

Národní galerie

Katedrala sv. Víta (Catedral de San Vito)

sv. Jiří

Palacio Lobkowick (Museo)

Obrazárna

Palacio Arzobispal

Callejón del Oro

Museo Pedagógico

B

Kanovnická

U kasáren

Loreta

Hradčanské náměstí

HRAD (Castillo)

Va

Valdštejnské nám.

P

Loretánské nám.

Toskánský pal.

sv. Zám. schody

Thunovský pal.

Va

Černínský palác

Loretánská

Kajetán

Museo de Farmacia

Thunovsk

sv. Tomáš

Tomášská

Pohořelec

Úvoz

Schwarzenberský palác

Nerudova

sv. Mikuláš

Josefská

Klášter premonstrátů na Strahově

Morzinský palác

Jánský vršek

Břetislavova

Malostranské nám.

Mos

i

Instituto Italiano

Vlašská

Tržiště

Maltézské nám.

P

Strahov

Vlašská

Lobkovický palác

Vrtbovská zahrada

Karmelitská

Nebovidská

Velko

C

Strahovská zahrada

Lobkovická zahrada

Malá Strana

Panna Maria Vítězná

Harar

Hellichova

Kam

Strahovská

Vaníčkova

Petřínská rozhledna (Torre de Hierro)

Seminářská zahrada

Museo del Deporte

Všehrdova

Olympijská

Petřín

Funicular

Petřínské sady

Říční

Strahovský stadión

Chaloupeckého

Muralla del hambre

Újezd

Plaská

D

Jezdecká

Mělnická

Petřínská

Šermířská

Kinského zahrada

náměstí Kinských

Zborovská

0   100   200 m

1   2

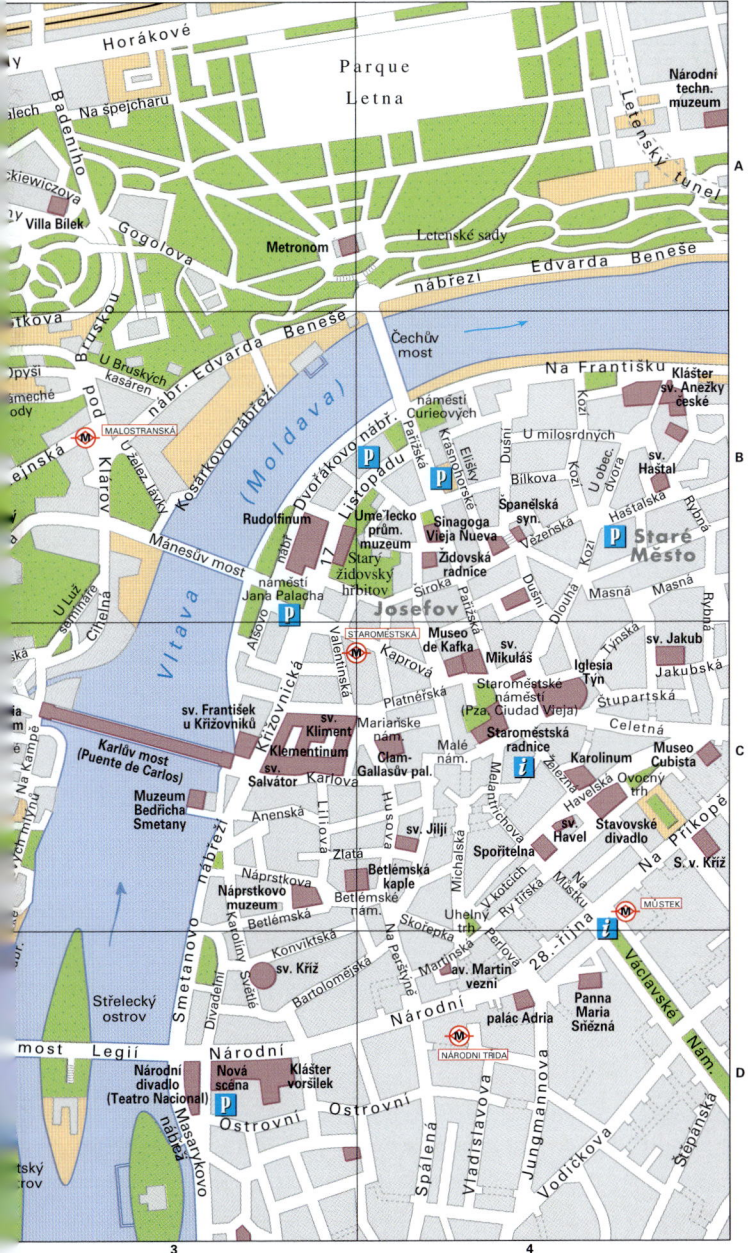

Nové Město

Soukenická
Petrské nám.
Revoluční
Truhlářská
Biskupská
Zlatnická
Těšnov
Za Poříčskou bránou
Wilsonova
Prvního pluku
Malého
Vitkova
Jirsíkova
Perne
Peck

Na Poříčí
FLORENC
Křižíkova
Pod Vítopnou
Trocnovská
Museo de la Ciudad

nám. Republiky
V Celnici
Havlíčkova
Na Florenci
Masarykovo nádraží
autobus. nádraží Florenc
U Památníku
Vojenské muzeum

A

Prášná Brásna
NÁM. REPUBLIKY
Okresni urad
Hyberská
Husitská
Husits
Orebit- ská
Kostn

Na Příkopě
Senovážná
Dlážděná
Bolzanova
Příběnická
Řehořova
Husinecká

Senovážné nám.
Jeruzalémská
Seifertova nám. Winstona Churchilla
Krásová
Bia

Nekázanka
Panská
Jindřiská
U Růžova Půjčovny
Hlavní Nádraží
Italská
FK Viktoria Žižov
Vlkova
Kra

B

Políckých vězňů
Olivova
Opletalova
ESTACIÓN PRINCIPAL
Wilsonova
Rajská Zahrada
Vozová
Bořivojova
Slavíkova
Kube

MŮSTEK
Plaza Wenceslao
Washingtonova
U divadla
i
Kuně- tická
Lichnická
Vinohrady
Chopinova
Na Švihance
Křiž

Ópera nacional
Ležerova
Spaňelská
Helénská
Riegrovy Sady
Krkonošská
Chrovská
Zv
Pol

MUZEUM
Ve Smečkách
Krakovská
Na Smetance
Balbinova
Mánesova
Polská
Sokol Královské Vinohrady
Třebízského
U Kanálky
Mánes

C

Žitná
Mezibranská
Narodní Muzeum
Čelakov- ského sady
Skřetova
Římska
Vinohradská
Italská
Anny Letenské
Mánesova
Budečská
Vinohradská
z
Slezká

Sokolská
Legerova
Mikovcova
Londýnská
Rubešova
Anglická
Ibse- nova
Šubert- tova
Blanická
Sázavská
U trznice
Šumavská

nám. Pavlova
Vocelova
Slezká
nám. Míru
Casino
Korunní
Moravská
Chodská

Ječná
I. P. PAVLOVA
Jugoslávská
Lublaňská
Sv. Ludmila
NÁM MÍRU
Budečská
Lužická
Slovenská
sp

Rumunská
Bělehradská
Americká
Francouzská
Sázavská

D

Na Bojišti
Tyršova
Fügnerovo nám.
Legerova
Koubkova
Bruselská
Uruguayská
Varšavská
Záhřebská
Mácha
Voroněžská
Kozácká
R

Apolinářská
Ke Karlovu
Wenzigova
Sokolská
B. Němcové
Lublaňská
Šafaříkova
Jana Masaryka
Pod Nuselskými schody
Kopernikova
Čermákova
Smílovského
U Havlíčkových sadu
Ústřednídům dětí a mladeže
Rybálkova
Donská

Perucká
Havlíčkovy Sady

1   2

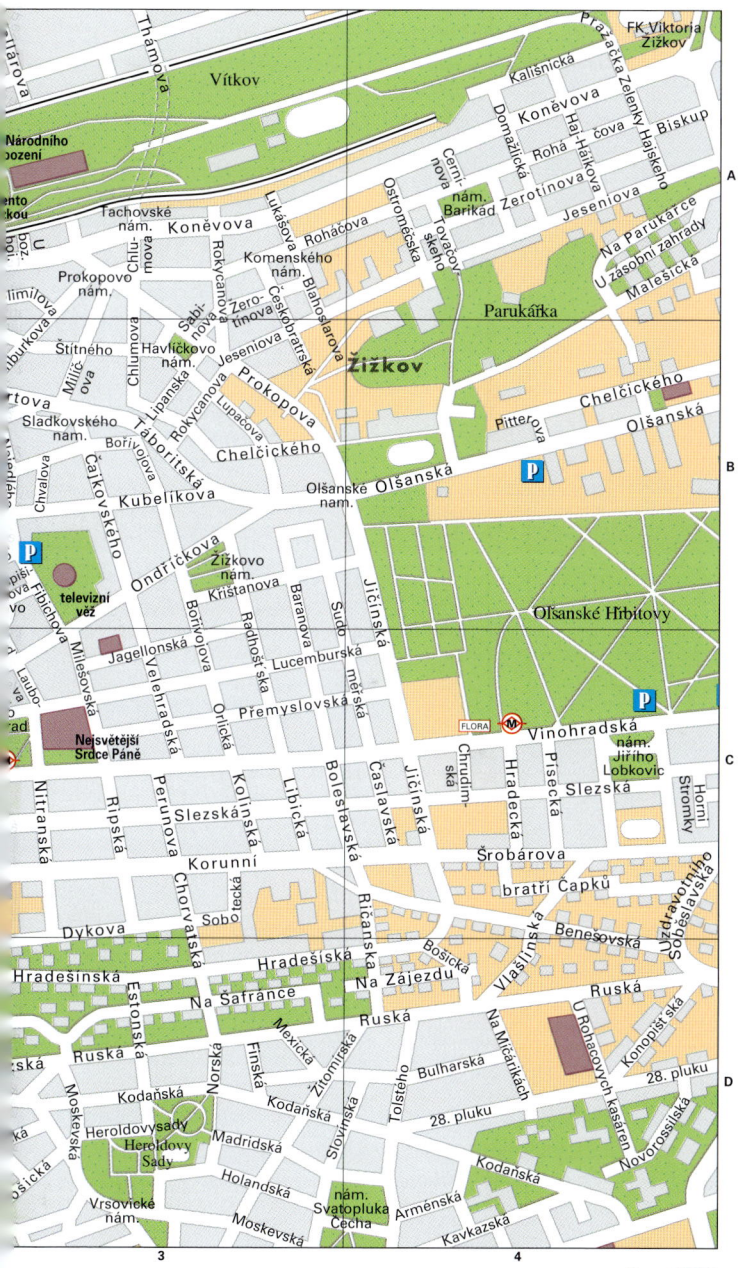